열두 번의 체크인

열두 번의 체크인

김미라 지음

니케북스

프롤로그

나의 시칠리아,

　나의 카잔차키스,

　　나의 조르바……

영화 〈아웃 오브 아프리카〉에는 데니스가 카렌에게 이렇게 말하는 장면이 있다. "당신은 '나의 키쿠유,' '나의 리모주,' '나의 농장,' '나의 나무'라고 말하곤 하지." 송년의 밤에 둘이 춤을 출 때, 카렌의 열정과 소유욕을 다정하게 질책하던 말이었던 걸로 기억한다. 책의 최종 교정지를 읽다가 나에게도 그런 버릇이 있다는 걸 알았다. '나의 시칠리아,' '나의 카잔차키스,' '나의 조르바'라고 써놓은 부분들이 눈에 들어왔다. 열정도 소유욕도 그다지 없는 내가 여행할 때는 유독 '나의 시칠리아'라고 쓰고, '나의 펠로폰네소스,' '나의 노르망디,' '나의 토스카나,' '나의 프로치다'라고 쓴다는 걸 알았다. 그것을 소유욕이라고 부른다면 나는 기꺼이 동의하겠다. '친애하는 나의 장소'가 생기고, 그곳에서 보낸 '나의 시간'과 '나의 풍경'과 그곳에서 다시 만난 영화와 음악과 문학이 '나의 예술'이 되는 과정, 그것이 '나의 여행'일 수도 있다는 생각이 들었다.

'내 인생의 거의 모든 것'이라고 해도 과언이 아닌 프로그램, KBS 클래식FM의 〈세상의 모든 음악〉이 있어서 '나의 시칠리아'와 '나의 노르망디'와 '나의 펠로폰네소스'는 나의 것으로만 남지 않았다. 방송 작가는 '나의 이야기'를 '모두의 이야기'로 확장하는 직업이다. 누구의 마음도 아프게 하지 않는 글을 쓴다는 건 아무의 마음도 흔들지 못할 가능성도 늘 품고 있다는 뜻이다. 하지만 여행 이야기를 쓸 때는 그렇지 않았다. '모두의 이야기' 속에 '나의 이야기'를 마음껏 풀어놓을 수 있었다. 점잖은 클래식FM의 청취자들도 여행 이야기가 흐를 때면 게시판이 떠들썩할 정도로 자신들의 여행 이야기를 풀어놓곤 했다.

〈세상의 모든 음악〉에서 여행 이야기를 마음껏 쓸 수 있었던 건 전적으로, 여행을 좋아하는 프로듀서와 '태생적으로 여행자의 그리움을 간직한 목소리' 전기현 진행자가 있었기 때문이다. 전기현 진행자

가 '어느 날 파리 동역에서 모차르트호를 타고 유럽 여행을 떠나는 그'
가 되어주었을 때 나는 정말 행복했다. 안종호 프로듀서가 파도 소리
철썩이는 쳇 앳킨스^{Chet Atkins}의 'Sails'를 들려주며 '청취자들에게 매일
여행을 배달하자'고 했을 때 나는 다시 세상에서 제일 행복한 방송 작
가가 되었다. 산토리니의 이아^{Oia} 마을에서 프로방스의 작은 마을들까
지 종횡무진 날아다니며 '여행자의 노트'를 썼다.

　이 책은 방송에 다 쓰지 못한 '여행자의 노트'다. 처음엔 '여행자
의 노트'를 그대로 옮겨오려고 했지만, 여행이 처음에 꿈꾼 대로만 펼
쳐지지 않듯 이 책도 새로운 꿈을 꾸게 되었다. 방송 작가로 사는 동안
한 번도 하지 않았던 나의 이야기를 써보기로 했다. '나의 시칠리아'와
'나의 노르망디,' '나의 펠로폰네소스.' 여행의 루트와 그 여행에서 만
난 영화와 음악과 미술과 문학을 노트에 함께 담고 싶었다. 그래도 이
책의 바탕이 '여행자의 노트'인 건 변함없다. 그 이야기들은 이 책 곳곳
에 숨은 그림처럼 스며들어 있다.

　카드키 대신 묵직한 주물로 만든 열쇠를 내어주던 유럽의 숙소
들. '열두 번의 체크인'을 하던 열두 개의 열쇠를 독자들 손에 놓아드리
려 한다. 이 책은 '여행자의 노트' 코너의 열렬한 청취자였던 KBS 양영
은 기자의 독촉 덕분에 만들어졌다. 책 만드는 일만큼이나 여행을 좋
아하는 니케북스의 이혜경 대표와 최초의 독자였던 변묘정 편집장의

즐거운 피드백이 있어서 힘을 냈다. 언제든 여행을 다녀오라고 평생 지지해준 남편 덕분에 수많은 여행이 가능했다. 어쩌면 이 책은 여행의 고수인 친구1과 친구2가 공동의 저자일지도 모른다. 그들이 선물해준 여행을 나는 대신 기록했을 뿐이다. 노르망디 여행을 함께한 멋진 친구들에게도 감사를 전한다.

내게 '여행'과 동의어인 안종호 프로듀서와 전기현 진행자가 있어서 이 모든 것이 가능했다. 이 책에는 여행의 배경 음악이 되어줄 멋진 곡들이 QR코드가 되어 곳곳에 숨어 있다. 다정한 그 음악들을 기쁜 마음으로 선곡해준 안종호 프로듀서, 언제나 작가의 여행을 열렬히 지지해준 '나의 프로듀서'에게 깊은 감사를 전한다. 나보다 먼저 시칠리아를 다녀와 내게 시칠리아 여행을 권했던 전기현 진행자, 그가 원고를 읽으면 언제나 내가 쓴 것보다 몇 배는 더 멋진 여행이 펼쳐지는 마법을 선물해준 '나의 진행자'에게도 깊은 감사를 보낸다.

2025년 4월
KBS 클래식FM 〈세상의 모든 음악〉 작가 김미라

〈세상의 모든 음악〉 프로듀서가 되었을 때 마음에 그렸던 장면이 있다. 김미라 작가의 여행 원고에 전기현 진행자의 목소리가 더해지고, 나는 여행 느낌 물씬한 배경 음악을 골라 날마다 애청자들에게 여행을 배달하는 것. 꿈은 이뤄졌다. 마침내 '여행자의 노트' 코너를 시작하기로 결정하고, 철썩이는 파도 소리로 시작하는 쳇 앳킨스Chet Atkins 의 'Sails'를 배경 음악으로 고르던 순간, 나부터 설렜다. 만드는 사람이 설렜으니 들어주시는 분들에게도 그 설렘이 확실하게 전해질 거라고 믿었다.

'여행자의 노트'는 프로그램을 만드는 사람으로서도, 여행을 좋아하는 사람으로서도 〈세상의 모든 음악〉에서 가장 애정하는 코너였다. 섬세하고 따뜻한, 그러면서도 작은 디테일도 놓치지 않는 김미라 작가의 세상 속 풍경들은 여행의 추억을 간직한 사람에게는 깊은 공감으로,

여행을 떠나고 싶은 사람들에게는 설렘으로 다가갔을 것이다.

이제 김미라 작가의 진짜 '여행자의 노트'가 펼쳐진다. 작가님이 이 책에 들어갈 음악을 골라줄 수 있느냐고 물어보셨을 때 정말 기뻤다. 시간이 많지 않아 최선의 곡을 골랐다고는 할 수 없지만, 이 여행기에 배경 음악을 고르는 일은 진심으로 행복한 경험이었다.

QR코드를 누르고, 음악을 들으면서 《열두 번의 체크인》에 동행한다. 책 속의 친구1이나 친구2가 되어보는 상상은 또 얼마나 근사한 일인지. 세상 어디에도 없을 좋은 친구와 떠난 김미라 작가의 여행이 열세 번째, 열네 번째의 체크인으로 이어지기를 희망해본다. 진심으로……

KBS 클래식FM 〈세상의 모든 음악〉 프로듀서 안종호

추
천
의
글

김미라 작가님과의 인연은 20년 전으로 거슬러 올라간다. 김미숙씨가 자리를 비우는 일주일 동안 〈세상의 모든 음악〉을 대신 진행해 줄 수 있겠느냐는 김혜선 프로듀서의 연락을 받았다. 주제넘게(?) 조건을 걸었다. 역시 일주일 쉴 예정이라는 작가님의 원고를 꼭 받고 싶다고 간곡히 부탁했고, 짧게나마 꿈을 이루었다.

그로부터 2년 뒤에 나는 〈세상의 모든 음악〉 주말 DJ가 되었고, 일요일에는 여행 코너를 만들기로 했다. 작가님이 "약간 소설처럼 써볼까요? 한 남자가 파리 동역에서 모차르트호 열차를 타고 떠나는 유럽 여행 이야기는 어떨까요?"라고 하셨다. 그 몇 마디만으로 나는 벌써 가방을 싸기 시작했다.

그렇게 〈풍경과 음악〉이라는 코너가 시작됐고, 유럽의 어느 도시, 어느 마을을 걷고 있는 '그'가 되어 1년을 보냈다. 매주 원고를 받고 읽을 때마다 설레고, 감탄하고, 감동했다. 그 감동은 고스란히 애청자들에게도 전해졌고, 많은 사랑을 받았다. 이런 여행 원고를 쓸 수 있는 작가가 또 있을까? 여행을 좋아하고, 많이 하고, 여행지에서 보고 듣고 만나는 모든 것을 느끼는 감각이 확실히 남다르구나 싶었다. 어디를 가도 그곳의 돌 하나, 나무 하나에 담긴 의미를 생각하고, 그곳 사람들의 마음을 헤아린다.

이번 책은 작가님 자신의 이야기여서 더 흥미롭다. 작가는 이렇게 여행하는구나, '김미라'라는 사람은 이렇게 여행하는구나, 함께 여행하는 느낌이 든다. 사실 나는 작가님보다 먼저 시칠리아를 여행했다. 모디카에서 비현실적인 저녁 풍경을 마주했을 때 가장 먼저 작가님 생각이 났기에 시칠리아 여행을 추천했었다. 같은 장소에서 같은 감동을 받고 오신 것 같아 흐뭇하다.

열세 번째 체크인은 어디일까, 벌써 궁금하고 기대가 된다.

KBS 클래식FM 〈세상의 모든 음악〉 진행자 전기현

추천의 글

  故김수환 추기경님은 유머와 따뜻한 위로를 담아 "삶은 계란"이라고 말씀하셨지만 "삶은 여행"이라고 나는 생각한다. KBS 클래식FM 〈세상의 모든 음악, 전기현입니다〉를 통해 퇴근 무렵 '여행자의 노트' 코너를 접할 때마다 나는 가보고 싶은 세상 이곳저곳의 '삶의 풍경'이 마치 눈앞에 펼쳐지는 것 같은 벅찬 감동을 경험했다. 그 감정을 주체할 길 없어 용기를 내어 글쓴이를 찾았고, 그것이 김미라 작가님과의 인연의 시작이었다. 그 만남이 이렇게 책으로까지 이어질 줄이야!

  '어쩐지 인생이 이 순간의 풍경으로 축약될 수 있을 것 같았다'는 책 속 문구처럼, '신의 시선으로 바라보듯 내려다보아야 온전한 아름다움을 느낄 수 있다'는 책 속 제안처럼, 이 책은 풍경에서 인생을, 눈앞의 아름다움에서 그 너머의 아름다움을 발견해내는 김미라 작가님 특유의 '달란트'의 소산이다. 맘 같아선 지금 당장 작가님과 여행을 떠나고 싶지만, 그럴 수 없다면 《열두 번의 체크인》을 권한다. 왜냐하면 그것은 '세렌디피티!' 뭐라고 설명할 순 없지만 인생에서 꼭 한번 마주하고 싶었던 운명적 순간이 될 것임을 확신하기 때문이다.

KBS 기자 양영은

01
시칠리아

아무것도 하지 않아도, 그저 좋은

첫 번째
체크인

시칠리아 여행은 느닷없이 결정되었다. 7월 하순의 어느 날, 나와 음악 취향이며 영화 취향, 심지어 여행의 취향까지 비슷한 두 친구가 '우리에게 허락된 시간을 모두 다 털어 떠나보자'고 제안했다. 그렇다면 시칠리아 여행은 어떨까? 그렇게 9일 동안의 시칠리아 여행이 시작되었다. 우선 이스탄불을 경유해서 시칠리아의 카타니아로 들어가는 비행기표부터 구했다. 우리는 여러 번 만나서 여행 루트를 의논했고, 숙소를 담당한 친구1이 보여주는 사진을 보며 감탄했다. 먼저 다녀온 분이 준 정보도 무척 유용했다. 나는 방송 원고를 준비하듯 시칠리아의 문학과 음악과 영화, 그리고 예술가들을 공부했다. 삼각형 스카프 모양을 한 시칠리아의 낯선 지명들도 하나하나 외웠다. 카타니아,

노토, 시라쿠사, 모디카, 라구사, 아그리젠토, 팔레르모, 체팔루, 타오르미나, 카스텔몰라, 그리고 팔라초 아드리아노……

차오! 시칠리아!

자정에 이륙하는 비행기라니! 시칠리아 여정은 출발부터 독특했다. 터키 항공을 타고 자정에 출발하면 이스탄불에는 새벽 다섯 시 반쯤 도착한다. 이스탄불 공항은 엄청 넓어서, 두 시간 뒤에 출발하는 카타니아행 비행기를 타려면 부지런히 걸어야 했다. 시칠리아섬엔 두 개의 공항이 있다. 하나는 시칠리아의 주도 팔레르모에 있고, 다른 하나는 시칠리아의 동쪽 카타니아에 있다. 이스탄불에서 이륙한 비행기는 카타니아 공항에 착륙했다. 공항 청사를 나오자마자 연기를 내뿜고 있는 에트나 화산이 보였다. 활화산의 뜨거운 환영에 손을 흔들어 화답했다. 차오! 시칠리아!

렌터카 사무소는 카타니아 공항 건물 바로 옆에 있었다. 이탈리아를 여행할 땐, 특히 시칠리아를 여행할 땐 무조건 소형차를 렌트하는 것이 좋다. 시칠리아는 제주도의 13배 정도나 되는 큰 섬이고, 대중교통으로 여행하기엔 한계가 있다. 시칠리아의 많은 도시가 산꼭대기에 있고 기차 시간표가 제대로 지켜지지 않을 때가 많으니 여러 가지 이유로 렌터카 여행이 좋다.

시칠리아에선 원래 예약한 작은 차를 받았지만, 이듬해 나폴리 여행에선 예약한 피아트 500이 아니라 커다란 SUV를 받는 바람에 고생을 했다. 작은 차 렌트비를 내고 큰 차를 탈 수 있는 마법이 이탈리아에선 종종 일어난다.

시칠리아 여행에는 약간의 자격이 필요하다. 낡고 남루한 것을 사랑할 줄 아는 자격. 약간의 능력도 필요하다. 여행이 모험이 되는 순간을 즐기는 능력. 아무것도 없다고 여겨지는 곳에서 아름다운 것을 호흡할 수 있는 능력.

여행을 시작하기 전, 우리는 공항에서 가장 가까운 마트에 들러 물과 프로제코와 절인 올리브와 과일을 샀다. 프로제코는 샴페인처럼 약간의 탄산이 섞인 가벼운 와인인데 시칠리아 여행에는 늘 프로제코가 함께했다. 프로제코처럼 가볍게, 프로제코처럼 홀가분하게 건배!

카타니아 시내는 생각만큼 복잡하지 않았다. 시칠리아의 다른 도시들처럼 굽이굽이 언덕을 오르내리지 않아도 되었다. 카타니아의 유적 대부분은 산타 아가타 대성당과 코끼리 분수가 있는 두오모 광장 근처에 몰려 있다. 광장 뒤쪽 골목에는 2차 대전의 피해를 복구하다 발견한 고대 로마 원형극장 유적이 아직도 발굴 중이다. 바로 그 옆에 벨리니 생가도 있다.

카타니아의 두오모 광장은 화사했다. 하지만 광장 주변을 벗어

나니 풍경은 금방 어두워졌다. 오래된 집을 손보지 않으면 어디까지 칙칙해질 수 있는지 실감할 수 있었다. 독일이나 프랑스의 옛집들이 여전히 화사한 건 그들이 필사적으로 가꾸고 보살핀 결과라는 것도 역설적으로 깨달았다.

화사한 것과 방치되고 낡은 것들이 묘하게 어우러지는 길을 지나면 금방 바다가 보이고, 카나티아의 어시장 라 페스체리아 La Pescheria가 나타난다. 마치 수술대처럼 보이는 매대가 여럿 펼쳐져 있고, 싱싱한 생선들이 썬탠하듯 누워 있었다. 유럽 다른 도시의 어시장보다 규모가 컸고, 모든 것이 다 싱싱했다. 고무장화와 앞치마를 걸친 붉은 얼굴의 어부들, 오른손을 둥글게 말아 올린 채 떠들썩한 목소리로 대화하고 거래하는 어시장을 잠시 구경한 것만으로도 에너지가 충전되는 것 같았다. 어시장 앞은 이오니아해, 등 뒤에는 에너자이저 어부들의 목소리. 이런 싱싱한 여행의 시작, 참 좋다!

말레나를 찾아서

시칠리아의 시라쿠사에 꼭 가고 싶었던 건 한 편의 영화 때문이었다. 〈시네마 천국〉의 감독 '주세페 토르나토레'와 영화음악의 거장 '엔니오 모리코네'가 다시 뭉쳐 만든 영화 〈말레나〉, 더 정확하게 말하자면 시라쿠사 두오모 광장을 꼿꼿한 자세로 걸어가던 '말레나'를 연기한 배

영화 〈말레나〉의 촬영지 시라쿠사 두오모 광장

우 '모니카 벨루치' 때문이었다.

시라쿠사는 본섬과 오르티지아섬으로 이루어져 있는데, 시라쿠사의 아름다운 것은 대부분 오르티지아섬에 있다. 섬과 섬을 이어주는 다리라기엔 민망할 정도로 짧은 산타루치아 다리를 건너면 왼쪽에 아폴로 신전의 유적이 있다. 그 길을 계속 걸으면 아르키메데스 광장이 보이고, 시라쿠사 대성당이 있는 두오모 광장도 나온다.

시라쿠사 두오모 광장에는 마치 어느 저택의 거실인 듯 크림색 대리석이 깔려 있다. 이 광장은 영화 〈말레나〉에서 격변하는 시대를 강렬하게 보여주던 장소였다. 말레나를 향한 질투와 위선과 폭력이 쏟아지던 곳이었다. 말레나는 이 광장을 두려운 마음으로 걸었고, 나중에는 이를 악물고 걸었고, 마침내 세상의 시선을 초월한 채 꼿꼿하게 걸었다. 광장에 잠시 멈춰 선 그녀가 담배를 꺼내자 많은 남자들이 일제히 라이터를 켜던 장면은 너무나 인상적이었다. 말레나를 질투하고, 혐오하고, 동경하고, 소유하고 싶은 욕망이 뒤엉키던 곳이 하필이면 대성당 앞 광장이라니!

영화와 달리 현실에서 만난 두오모 광장은 따뜻하고 평화로웠다. 시라쿠사 대성당에는 시라쿠사의 곡절 많은 역사가 새겨져 있다. 그리스의 영토로, 로마의 속주로, 노르만족을 비롯한 숱한 외세의 침략에 시달린 흔적이 고스란히 남아 있다. 기원전 5세기에 그리스인들이 만든 아테네 신전은 시라쿠사 대성당의 일부가 되었다. 신전을 품은 대성당 내부와, 대지진으로 무너진 부분을 재건한 외부의 바로크 양식은 조화롭게 공존하고 있다.

여행에서 돌아온 지 한참 지난 어느 날, 이 광장이 생각났다. 일과 사람에 무척 지쳤던 날이었는데, 바로 집으로 들어가지 못하고 잠시 근처 공원에서 시간을 보냈다. 그 순간 문득 시월의 햇살이 녹아들던 시라쿠사 두오모 광장이 생각났고 광장을 꼿꼿하게 가로지르던 영화 속 말레나가 생각났다. 시칠리아 여행의 추억이 겹겹이 나를 감싸고 마음을 데워주었다.

여행의 추억은 자주, 구체적인 도움을 준다. 그 장소의 기억만이 아니라 그날 그곳의 느낌과 공기와 햇살과 온도까지도.

두오모 광장의 모퉁이엔 또 하나의 성당이 있다. '카라바조'의 명작 〈성녀 루치아의 매장〉이 걸려 있는 산타루치아 알라 바디아 성당이다. 작은 성당의 아늑함과 거장 카라바조의 감동이 공존하는 곳이다.

 영화 〈말레나〉 O.S.T 중 Titoli di Coda/Ennio Morricone

카라바조는 살인죄를 저지른 도망자였다. 그런데 가는 곳마다 그 지역 귀족과 종교인들의 환영을 받았다고 한다. 성당 안에 걸린 〈성녀 루치아의 매장〉 앞에 서니 약간의 전율이 일었다. 카라바조가 그려낸 어둠과 빛이 꼼짝할 수 없는 감동을 주었다. 이런 나쁜 화가 같으니라고!

시월인데도 한여름처럼 뜨거운 햇살이 쏟아지고 있었다. 성당 앞에는 거북의 등처럼 생긴 신기한 악기를 연주하는 버스커가 있었는데, 그의 이마에 송글송글 맺혀 있던 땀이 선명하게 기억난다. 나중에 찾아보니 그 신기한 악기의 이름은 '핸드팬'이었다. 핸드팬이 빚어내는 가볍고도 둥근 울림이 고대 그리스 시대부터 이 광장에 있던 유적 사이를 떠돌고 있었다. 오래된 시간과 예술작품, 영화의 강렬한 여운과 보통 사람들의 그저 그런 일상이 시라쿠사의 햇살 아래 휘핑크림처럼 녹아드는 것 같았다.

▶ 영화 〈카라바조〉/Derek Jarman 감독, 1986년

▶ 영화 〈카라바조의 그림자〉/Michele Placido 감독, 2025년

🖼 카라바조 〈성녀 루치아의 매장〉

핸드팬을 연주하는 버스커

노토, 레몬 그라니타, 쉼표

1693년, 시칠리아 동쪽에 대지진이 일어났다. 그때 파괴된 도시들은 당대의 양식인 바로크풍으로 재건되었다. 그래서 시칠리아 동부의 바로크 양식 건축물들을 '지진 바로크'라고 부른다. 시라쿠사 대성당도 지진으로 무너진 부분을 바로크 양식으로 재건했기 때문에 그리스 신전부터 바로크 양식까지 온갖 건축양식이 뒤섞여 있다. 지진과 바로크! 파괴와 재건을 상징하는 단어가 나란히 있으니 뭔가 시칠리아답다. 거칠고 황량하지만 그래서 더 매력적인 시칠리아가 그 안에 있다.

'지진 바로크'의 한 축을 이루고 있는 도시가 노토다. '노토 대지진'이라고 부를 정도로 피해가 컸던 도시다. 그래서 바로크 건축물의 교과서 같은 도시라고 불린다는데, 딱 봐도 '오래된 새것'의 묘한 여운이 건물마다 남아 있다. 크림색 화사한 건물도 물론 있었지만 노토 대성당을 비롯한 많은 유적이 머스타드빛이었다. 햇살이 환하게 비치면 우아하고, 그렇지 않으면 우울해 보이는 그런 빛.

시라쿠사와 모디카 사이에 있는 노토에선 레몬 그라니타를 먹었다. 노토 대성당 아래에 있는 젤라토 가게는 무척 유명해서 그곳의 레몬 그라니타를 맛보기 위해서 굳이 노토를 찾는 사람들도 있었다. 미슐랭 기준으로 치자면 2스타를 줄 수 있는 곳에 속하는 것이다. 혹시 모르는 분이 있을까 봐 미슐랭이 별점을 주는 기준을 소개해본다. 미슐랭 1스타 - 요리가 훌륭한 식당. 미슐랭 2스타 - 요리가 매우 훌륭하여 멀리 찾아갈 가치가 있음. 미슐랭 3스타 - 요리가 잊을 수 없을 만큼 훌륭하여 특별한 여행을 떠날 가치가 충분한 식당.

젤라토 가게 외벽에 바짝 붙여놓은 테이블에 앉아 레몬 그라니타를 먹었다. 이 레몬 그라니타를 먹기 위해 다시 노토에 가고 싶은가, 묻는다면 내 대답은 '예스'다. 레몬 그라니타를 생각하는 순간 벌써 입안에 침이 고이고 기분이 상쾌해진다. 시칠리아에는 맛있는 젤라토 가게가 많았지만 노토가 단연 최고였다. 다음엔 이 조용한 도시에서 며칠 머무르며 게으른 여행자로 지내고 싶다. 햇살 뜨거운 오후엔 이 가게에 와서, 쉼표처럼 레몬 그라니타를 먹으면서.

달콤 쌉싸름한 모디카

시칠리아섬은 낡은 것들의 성소다. 누군가는 '남루함'이라고 읽을지도 모르지만, 시칠리아의 '낡음'은 분명 '특별함'이라고 읽어야 한다. 시칠리아 여행에는 약간의 자격과 능력이 필요하다는 이유가 거기에 있다.

모디카는 빛바랜 것들로 가득하다. 그러니까 매우 매우 특별한

노토, 레몬 그라니타

곳이라는 뜻이다. 모디카는, 언덕 위의 모디카 알타와 언덕 아래 코르
소 움베르토 거리 부근의 모디카 바싸 지역으로 나뉜다. 실핏줄처럼
이어지는 골목길을 따라 바싸 지역으로 내려오면서 다시 한번 확인했
다. 시칠리아에서는 반드시 피아트 500 같은 작은 차를 빌려야 한다는
것을.

모디카에선 달콤한 경험을 할 수 있다. '첫 번째 달콤함'은 움베르
토 1세 거리에 있는 가리발디 극장에 있다. 고풍스러운 가리발디 극장
에서 낯선 언어로 공연되는 오페라를 감상하는 것이다. 가리발디 극장
은 외관은 낡았으나 붉은 의자와 사랑스러운 발코니석이 마음을 사로
잡는 곳이다.

만약 시간이 맞지 않아 가리발디 극장의 달콤함을 누리지 못했어
도 실망하지 말 것. 극장에서 3분 정도 걸어가면 '두 번째 달콤함'이 기
다리고 있으니. 유서 깊은 초콜릿 가게 안티카 돌체리아 보나후토는
산 피에트로 성당 건너편 골목에 숨어 있다. 1880년에 문을 연 이 초콜
릿 가게는 16세기 스페인식 제조법으로 초콜릿을 만든다. 거칠고, 까
끌거리고, 쌉싸름한 초콜릿이다. 신기하게도 먹을 때보단 먹고 난 뒤
에 더 오래 기억에 남는다. 초콜릿의 종류도 다양하고 패키지도 너무
나 아름답다. 워낙 초콜릿 종류가 많으니 시식도 풍성하다. 서너 개 이
상 먹으면 어느 것이 어떤 맛이었는지 기억하기도 어렵지만, 모처럼
한도 초과의 달콤 쌉싸름함을 만끽해본다. 이렇게 정성껏 만든 수제

초콜릿인데 우리나라 슈퍼에서 파는 초콜릿보다 저렴하다. 가방만 여유롭다면 가득 사서 아는 사람 모두에게 선물하고 싶었다. 하지만 이내 마음을 정리했다. 낡음과 남루함을 사랑할 줄 아는 몇몇 사람에게만 이 초콜릿을 배달하기로.

옴베르토 거리의 벤치에 앉아 모디카가 어둠에 조금씩 물드는 걸 바라보았다. 초콜릿 한 조각을 입에 넣었다. 어쩐지 인생이 이 순간의 풍경으로 축약될 수 있을 것 같았다. 낡았지만 아름다운 일상, 약간의 달콤함과 서걱거림이 있는 여행, 그리고 한참 동안의 쌉싸름한 여운. 모디카의 저녁이 귀퉁이를 접어둔 책의 한 페이지처럼 의미 있게 저물었다.

어떻게 하면 이렇게 멋지게 낡아갈 수 있을까? 어떻게 하면 이렇게 근사하게 빛바랠 수 있을까? 숙소 발코니에서 모디카의 언덕과 거리를 바라보니 마치 마법의 힘을 빌려 살아보지 못한 시대로 들어온 것 같았다.

모디카의 언덕 위에는 꽃으로 뒤덮인 산 조르지오 성당이 있다. 숙소에선 그 성당이 잘 보였다. 어떻게 이런 곳을 찾아냈을까? 내게 멋진 숙소를 추천해준 사람에게 고마운 마음을 전송했다.

시칠리아에서는 가끔 지붕 위에서 프로제코를 마시거나 아침 식사를 했다. 지붕 위의 식사라니, 마치 샤갈의 그림 속 인물이 된 것 같

왔다. 모디카에서는 지붕 위 테라스에서 올리브와 치즈를 차려놓고 프로제코를 마셨다. 시칠리아에서는 당연히 프로제코지! 숙소에서 빌려준 와인잔을 챙그랑 부딪히며 모디카의 밤 속으로 스며들었다. 어둠이 내리면 낡은 것과 남루한 것은 다 묻힐 줄 알았는데, 아니었다. 낡음은 새로움을 흉내내지 않았고, 새로움을 초월한 무엇이 되어 빛났다. 눈앞에 있는데도 아득한 신기루 같았다. 아, 이런 밤의 풍경을 어쩌면 좋지? 오랜만에 마신 알코올 탓인지 가슴이 두근거렸다.

두 번째
체크인

비행기가 착륙하기 2분 전

모디카에서 라구사는 무척 가깝다. 하지만 멀다. 눈앞에 보이지만 구불구불한 길을 오르고 내려야 닿을 수 있다. 그래서 불편하고, 그래서 또 황홀하다. 라구사를 여행할 때는 언덕 위의 라구사 슈페리오레부터 시작해서 구시가지 라구사 이블라 쪽으로 내려오는 편이 좋다. 아래에서 올려다보는 라구사는 평범하지만 위에서 내려다보는 라구사는 특별하다. 신의 시선으로 바라보듯 내려다보아야 라구사의 온전한 아름다움을 느낄 수 있다.

라구사 슈페리오레에서 가파른 골목길을 천천히 걸어 내려오다 보면 물고기 모양의 라구사 이블라가 한눈에 들어오는 전망대가 나타난다. 크고 작은 성당들, 어깨를 맞댄 옛집들, 이블레이 정원과 산 조르지오 라구사 성당의 쿠폴라가 거기 있다. 라구사 이블라에선 길을 잃어도 쿠폴라를 나침반 삼아 걸으면 된다. 걷다가 다리가 아프면 라구사 이블라를 구석구석 누비는 꼬마 열차를 타도 좋을 것이다.

다시 전망대로 돌아왔다. 협곡에 솟아 있는 라구사 이블라를 내려다보고 있으니 세상을 보는 새로운 시선을 얻은 것 같다. '비행기가 착륙하기 2분 전' 같기도 하고, 신이 인간 세상을 내려다본다면 꼭 이런 시선일 것만 같다. 라구사에 저녁이 내리는 걸 보지 못한 건 못내 아쉽다. 글썽글썽한 불빛들이 이블라 협곡을 채우는 걸 봤어야 하는데. 하긴 아쉬움이 없다면 여행도 아니지. 아름다움 너머의 아름다움에 발 묶여 한참 동안 라구사의 전망대를 떠나지 못했다.

Travel보다 Adventure

차가 라구사의 구불구불한 복잡한 골목길을 지나는 동안 멀미를 심하게 했다. 라구사를 벗어나기 직전부터 내가 운전을 하기로 했다. 운전하는 자는 멀미를 하지 않는다! 내가 갈 길과 방향을 뇌가 미리 인지하기 때문이고, 다음 방향을 내가 결정하기 때문에 어지럽지 않고 흔들리지 않는다. 인생의 비밀은 운전에도 있다.

라구사에서 아그리젠토로 가는 길은 험난했다. 네비게이션이 알려주는 대로 달리다 보니 어마어마한 벼랑길이 나왔다. 멀미는 멎었고 대신 두려움이 찾아왔다. 벼랑길 옆 가드레일은 손가락으로 툭 쳐도 떨어져버릴 것 같았다. 나보다 조수석에 탄 친구1이 더 무서웠을 것이다. 음, 그런데 사실을 말하자면 시칠리아에는 이 길보다 더 험난한 길도 있었다. 그래서 시칠리아 여행은 Travel이라기보단 Adventure! 그래서 잊을 수 없는 여행이 되었다. 그래서, 그래서, 그래서 다시 가고 싶다.

아그리젠토 시가지는 '신전들의 계곡' 위에 있다. 아그리젠토에는 13세기에 머무르고 있는 모디카나 17세기 같은 라구사보다는 새것(?)인 아파트가 있었다. 그중 바다가 보이는 넓은 아파트가 우리 숙소였다. 거실에선 아그리젠토 앞바다가 잘 보였다. 그리스와 아프리카로 열린 저 바닷가에서 1차 포에니 전쟁이 치열했었다는데, 21세기의 이오니아해는 기억상실증에 걸린 것처럼 잔잔하기만 했다.

아그리젠토의 숙소에서 가장 기억에 남는 건 그 집의 카리스마 작렬 고양이. 거실과 탁자 위를 느릿느릿 걸어 다니는 회색 고양이가 우리를 심히 거슬린다는 듯 바라보았다. 저 고양이의 발걸음처럼 조용히 날이 저물고 저녁이 찾아오겠지. 짐을 내려놓기 위해서 방으로 들어갔다. 침대는 편안할까? 점검차 기대보았다가 살짝 잠이 들었다.

시칠리아 여행에 평범한 건 없다. 약간 높겠지 생각했던 숙소는 까마득한 절벽 위에 있고, 조금 험난할 거라고 예상한 길은 생각한 것보다 두 배 이상 험난했다. 맛있을 거라고 예상했던 음식은 대단히 맛있고, 가격은 저렴하며, 사람들은 정말 순수하고 친절했다.

아그리젠토에는 시칠리아 여행 안내서에 언제나 등장하는 바로 그곳, 완벽한 자태로 보존된 콘코르디아 신전이 있다. 지도를 보면 시칠리아섬 바로 오른쪽에 그리스가 있다. 그리스인들은 기원전 6세기에 바다를 건너 아그리젠토로 왔고, 수많은 신전을 건설했다. '신전들의 계곡'에서 가장 웅장했던 제우스 신전은 다 파괴되어 터전만 남아 있고, 신성한 결혼을 관장했다는 헤라 신전은 비교적 형태를 유지하고 있다. 아그리젠토를 고고학의 성지라고 부르는 이유를 알 것 같다.

'신전들의 계곡'에서 바다 쪽으로 내려가면 완벽한 형태로 남아 있는 콘코르디아 신전을 만날 수 있다. 콘코르디아 신전을 향해 한 걸음씩 다가가며 그 웅장함을 실감할 수 있었다. 2500년 전에 세워졌다는 신전 앞에는 21세기에 만들어진 '날개 꺾인 이카루스 동상'이 있다. 이카루스는 왜 여기 있을까 궁금했는데, 신화 속에서 이카루스가 추락한 지점이 아그리젠토 근방으로 추정된다고 한다. 날개 꺾인 이카루스는, 이카루스답게 쓰러진 채 꿈꾸고 있다.

콘코르디아 신전과 바다 사이 들판에선 1차 포에니 전쟁이 있었다. 무려 2200년 전 세계사에 등장하는 로마와 카르타고의 격전지가 이곳이었다니. 쓸쓸한 평원에 환청처럼 들리는 병사들의 함성과 참혹한 장면을 떠올리니 팔에 소름이 돋는다. 제우스 신전은 파괴되었지만 콘코르디아 신전은 온전하게 남아 있어 다행이다. 만들어졌을 때의 기둥이 온전하게 남아 있는 건 콘코르디아 신전이 유일하다고 한다. 완벽한 황금비율 1대 1.618. 콘코르디아 신전은 21세기의 눈으로 봐도 완벽하다. 그 옛날에 어떻게 이 완벽한 비율을 알아낼 수 있었을까? 설령 알았다 하더라도 이 무거운 재료들을 가지고 어떻게 황금비율을 구현할 수 있었을까? 경이롭다는 말도 부족할 만큼 경이롭다.

그나저나 그리스에서 아그리젠토로 이주한 사람들은 왜 이토록 많은 신전을 지었을까? 그것은 어쩌면 돌로 만든 엽서 같은 것은 아니었을까? 어떤 이유로든 그리스를 떠나 새로운 도시를 개척했던 사람들은 거대한 신전을 지으며, '여기서 우리는 잘 지내고 있다'고 좀 과장된 안부를 타전하고 싶었던 건 아니었을까.

세 번째
체크인

그리운 '먼 곳' 〈시네마 천국〉을 찾아서

영화 〈시네마 천국〉을 처음 보았을 때 어디에 저렇게 우리의 가난하던 시절과 닮은 곳이 있을까, 궁금했다. 방송 원고를 쓰기 위해 〈시네마 천국〉을 일곱 번쯤 보았는데 그때마다 '언젠가 저곳을 가볼 수 있을까' 생각했었다. 나에게 '먼 곳'의 기준은 바로 〈시네마 천국〉의 촬영지 시칠리아였다.

아그리젠토를 떠나 〈시네마 천국〉의 촬영지 팔라초 아드리아노로 향했다. 지도상으로는 100킬로미터가 조금 안 되는 거리, 시간은 한 시간 40분 정도 걸린다고 되어 있었다. 아그리젠토와 팔레르모 사이의 높은 고개를 넘으니 마피아의 본고장이라는 코를레오네 마을의 이정표가 보였다. 우리는 그 앞에서 프리찌라는 곳을 향해 좌회전해야 했다. 스트라다 스타탈레 188번, 예상보다 좁고 험한 길이었고, 예상보다 오래 걸렸다. 내륙의 오지라고 불러도 좋을 법한 곳에 팔라초 아드리아노가 있었다. 영화 속의 그 빛바랜 풍경은 그럴 만한 이유가 있었던 거다.

드디어 '먼 곳'에 도착했다. 15세기에 알바니아에서 이주해온 사람들이 세웠다는 팔라초 아드리아노는 모든 것이 영화 속 그대로였다. 우리가 차를 세운 광장은 토토가 군에 입대하기 위해 버스를 타던 바로 그 움베르토 1세 광장이다. 마치 전생에 살았던 마을인 것처럼 모든 것이 낯익다. 키스신이 나올 때마다 신부님이 세차게 종을 흔들던 그 성당, 토토가 엘레나를 기다리던 동방정교회 앞 그 계단, 광장을 지키는 그 분수대, 심지어 영화 촬영 후에 허물었다는 〈시네마 천국〉 세트 자리도 금방 알아볼 수 있었다. 몇백 년 전에도 이 모습이었고, 앞으로도 몇백 년은 또 이 모습 그대로일 광장에 서서 '변하지 않아서 고마운 풍경'을 가만히 눈에 담았다.

마을 사람들의 영화관이었던 산타 마리아 아순타 성당과 마주 보고 있는 동방정교회 출입문에는 계단이 있다. 내 맘대로 '토토의 계단'이라고 이름 붙인 곳이다. 토토는 그 계단과 골목 안쪽의 또 다른 계단

에서 엘레나의 창문이 열리기를 기다렸다. 알프레도 아저씨는 100일 동안 공주를 기다리던 병사의 이야기를 들려주었다. 온 마음을 다해 공주를 기다리던 병사가 99일째 되던 날 자기 마음 안에 피어난 소리를 듣고 떠나버린 이야기를. 송년의 밤에도 토토는 엘레나를 기다리고 있었지만, 달라진 건 없었다.

마침내 새해가 시작되는 순간, 창문 밖으로 접시들이 내던져지기 시작했다. 새해를 맞이하는 시칠리아의 풍습이라는데, 깨어진 접시가 토토의 깨어진 마음 같았다. 토토의 첫사랑이 머문 자리, 불안정했던 청춘이 머무르던 그 계단에 잠시 앉아보니 울컥한 마음이 들었다. 〈시네마 천국〉을 본 사람이라면 누구라도 그랬을 것이다.

움베르토 1세 광장의 정면에는 시네마 천국 박물관이 있다. 옛날에는 시청사였다는 이 박물관의 벽은 〈시네마 천국〉을 추억하는 사진들로 뒤덮여 있다. 토토와 알프레도 아저씨의 작은 천국이다.

영화 속의 귀여운 토토는, 자신이 맡았던 역할과는 달리 이 마을을 떠나지 못했나 보다. 그가 이 마을 어딘가에서 슈퍼마켓 주인으로 살고 있다는 것을 여행 오기 전부터 알고 있었다. 토토의 슈퍼를 찾아갈 생각은 처음부터 없었다. 우리의 토토는 언제까지나 영화 속의 귀여운 토토인 채로 잘 있어야 하니까.

산타 마리아 아순타 성당 옆 골목길과 분수대 근처 골목길을 천

천히 걸었다. 광장 쪽 집들은 그나마 잘 단장되어 있었지만 골목 안에
는 낡을 대로 낡은 집이 많았고, 아예 버려진 빈집들도 있었다.

어떤 마을에서는 '멀리 떠나라'는 말이 '사랑한다'는 말이거나
'너를 아낀다'는 말과 같은 의미가 될 수도 있다. 알프레도 아저씨가 왜
토토에게 "너의 소문을 듣고 싶다"고 간곡하게 말했는지, 팔라초 아드
리아노에 와보니 비로소 이해가 되었다.

팔라초 아드리아노에서 묵을 예정이 아니어서 어두워지기 전에
이곳을 떠나야 했다. 아쉬운 마음으로 마을을 나서려는데 카페에 앉아
있던 할아버지들이 우리가 탄 차를 향해 손을 흔들었다. 선술집 같은
카페의 바깥에 의자를 내놓고 앉아 온종일 해바라기를 하고 있던 할
아버지들은, 손으로는 작별 인사를 하고 있었지만 눈빛으로는 좀 다른
말을 하는 것 같았다. '나도 그 영화 찍을 때 엑스트라를 했었는데 그때
이야기를 좀 들려줄까?' 그런 눈빛이었다.

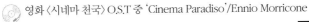 영화 〈시네마 천국〉/Giuseppe Tornatore 감독, 1988년

영화 〈시네마 천국〉 O.S.T 중 'Cinema Paradiso'/Ennio Morricone

〈시네마 천국〉을 찍는 동안 이 마을은 얼마나 들썩이고 술렁거렸을까. 아마도 이 마을이 생긴 이래 가장 큰 사건이 〈시네마 천국〉의 촬영이었을지도 모른다. 우리도 할아버지들을 향해 손을 흔들었다. 지루함이 일상일지도 모르는 그분들에게, 먼 곳의 소문이 그리웠을 그분들에게 낯선 나라의 여행자 몇몇이 다녀가는 일이 잠시나마 지루함을 덜어주었기를 바라면서…….

시칠리아 아니면 그 어디에서

팔라초 아드리아노에서 팔레르모로 가는 길엔 험한 산과 계곡을 지나야 했다. 게다가 2달 전 시칠리아에 홍수가 나서 안 그래도 나쁜 도로 사정이 더 나빠졌다는 걸 미처 몰랐다. 산길은 군데군데 함몰되어 위태로웠고, 이러다가 길이 끊기는 건 아닐까 걱정도 됐다. 지나가는 차가 없어서 더 스산한 길에서 마침내 트럭을 몰고 오는 한 농부를 만났다. 어찌어찌 소통을 해서 팔레르모 가는 길이 괜찮겠는지 물어보니 '아마 팔레르모까지 갈 수는 있을 것'이라고 (말하는 듯)했다. 그 뉘앙스와 표정 때문에 와락, 불안한 마음이 들었다.

민둥산에 가까운 산들이 나타났다가 사라졌고, 때론 방목하는 소와 버려진 밭도 마주쳤다. 그러다가 바로 그 순간을 만났다. 왼쪽으로

굽어지는 산길에 마치 태곳적부터 나를 기다려준 듯 말 세 마리가 서 있었다. 바람도 없는 시월의 시칠리아. 말들은 정물처럼, 조형물처럼 꼼짝도 하지 않고 있었다. 날이 저물기 전에 팔레르모에 도착할 수 있을까, 걱정하던 마음은 어느새 사라졌다. 차에서 내려 눈 앞에 펼쳐진 시칠리아의 진짜 모습을 보았다. 구름 몇 점 떠 있는 하늘, 오랜 세월 바람과 비가 다듬어준 키 작은 나무 두 그루, 고요, 말 세 마리, 그리고 두근두근 뛰던 내 심장.

세렌디피티!

명확하게 설명할 순 없지만, 길 위에서 꼭 한번 마주하고 싶었던 운명적인 순간이었다. 세 마리 말이 내게 무슨 말을 해준 것도 아닌데, 동화 같은 풍경도 아니고 엄청나게 황홀하고 장엄한 풍경도 아니었는데 그 순간은 내게 하나의 기적으로 남았다. 내 여행의 모든 장면 중에서 단 하나의 장면을 꼽으라면 주저 없이 이 순간을 꼽을 것이다. 시칠리아 아니면 어디에서 이런 순간을 만날 수 있을까? 띄엄띄엄 박음질한 것처럼 거칠던 시칠리아의 산길도 그때부턴 두렵지 않았다. 움푹

 Johann Sebastian Bach, 'Siciliano' BWV 1031/Evgeny Kissin (피아노)

패인 길을 지나도 '그럴 수 있지' 싶었다. 그렇게 험난한 산길을 지나서 날이 저물 무렵 팔레르모에 들어섰다. 눈에 들어오는 모든 것이 기적이고 감사였다.

원래부터 낭만적인 팔레르모 사람들

시칠리아 여행에서 처음으로 트래픽을 겪었다. 팔레르모의 숙소는 차가 진입할 수 없는 노르만 궁전 뒷골목에 있었다. 숙소의 직원은 포르타 누오바 근처 적당한 곳에 차를 세우고 전화하면 마중 나오겠노라고 했다. 포르타 누오바로 들어가려면 로터리를 통과해야 했다. 그런데 이 로터리가 서울의 금요일 퇴근길처럼 복잡했다. 빠져나갈 순간을 놓쳐 그 로터리를 네 바퀴쯤 돌았다. 나름 베테랑 운전자라고 자부했는데, 거친 운전과 난폭한 오토바이 사이에 끼어 식은땀을 흘렸다. 이 동그라미를 영원히 빠져나갈 수 없을 것만 같다는 불안이 생기려는 순간 간신히 뱅글뱅글 도는 행렬에서 빠져나올 수 있었다.

포르타 누오바는 차도 사람도 드나들 수 있었다. 포르타 누오바 아치에는 그리스 신전의 텔라몬처럼 4인의 무어인이 새겨져 있었는데, 그 형상이 너무나 강렬했다. 그들은 카를 5세가 물리친 튀니지의 해적들이라고 하는데 영원한 형벌을 받는 것처럼 새겨져 있다. 그중 두 조각상은 복종의 의미로 팔이 잘린 형상이었다.

팔레르모를 찾는 여행자도 그렇고, 팔레르모 시민들도 그렇고, 매일 많은 사람들이 저 무어인들을 보겠지. 문득 왜 개선문을 세우는지 알 것 같았다. 포르타 누오바 같은 개선문은 모두 거리에 펼쳐놓은 역사책과 같다. 팔레르모의 포르타 누오바를 지나는 사람들은 선택의 여지 없이 '카를 5세의 승리'와 '튀니지의 패배'를 읽게 되는 것이다. 그토록 오래 우울한 표정으로 박제된 저 무어인들을 이제 그만 풀어줘도 좋지 않을까, 가망 없는 기대도 잠시 품어보았다.

팔레르모는 얼핏 보면 칙칙해 보이지만 황금빛으로 가득한 도시다. 노르만 궁전의 황금빛 정교한 장식도 그렇고, 삶을 대하는 낙천적이고 대범한 팔레르모 사람들의 모습도 황금빛을 닮았다. 아랍의 정취와 유럽의 정서가 어우러진 독특한 건축물들, 낡은 것을 제대로 손보지 못한 채 끌어안고 있으면서도 생생하게 삶을 즐기는 모습이 흥미롭다. 팔레르모엔 수채화 같은 여리고 뽀얀 감성 같은 건 없다. 모든 것이 강렬하고 생생하다. 그것이 팔레르모의 매력이자 시칠리아의 매력이다.

팔레르모의 숙소는 노르만 궁전 뒤에 있었다. 아르바이트를 하는 스무 살 청년이 우리를 맞이해주었다. 청년의 걸음은 가볍고, 표정은 유쾌했다. 그는 시종일관 '뭐 어때?' 하는 표정으로 일하듯 놀았고, 노

팔레르모, 노르만 궁전

는 듯 일했다. 이튿날엔 배우처럼 예쁜 여자 친구 사진과 자신의 SNS 까지 보여주었다. 그 맑고 행복한 눈빛이라니. 시칠리아의 태양처럼 환한 이 청년처럼 살아도 좋지 않을까? 불가능한 꿈을 꾸듯 잠시 그런 생각도 해보았다. 숙소 근처에 팔레르모의 유명한 재래시장 발라로가 있었다. 1000년 전부터 있었다는 이 시장을 샅샅이 탐색한 건 아니지 만 시칠리아의 가지는 어마어마하게 크고 싱싱했고, 반으로 잘라놓은 시칠리아의 특산물 레드 오렌지는 '블러드 오렌지'라는 별칭답게 검붉 은 핏빛이었다. 산더미처럼 쌓인 해산물 튀김은 방금 밥을 먹은 여행 자의 지갑도 열게 만드는 마법을 부렸다.

'냉장고에 들어 있는 음식은 모두 죽은 음식'이라고 시칠리아 사 람들은 말한다. '신들의 부엌'이라고 불리는 시칠리아의 자부심이 담 긴 말이다. 먹는 것으로 치자면 시칠리아만큼 풍족하고 가성비 좋은 여행지도 없다. 3유로짜리 파스타에 감탄하고, 새콤한 레몬 그라니타 에 눈이 번쩍 뜨이고, 아란치니 하나에 배가 든든해지고, 싱싱한 해산 물에 흐뭇해지는 시칠리아 여행. 미식가인 친구1이 왜 이탈리아만 고 집하는지 비로소 이해하게 되었다.

외로움과 허기가 구분되지 않을 때가 종종 있다. 그러니 외로움 에 휘청일 때는 스스로를 맛있는 곳으로 데려가 밥을 먹여야 한다. 인 생에 허기가 몰려올 때는 스스로를 그렇게 보살펴야 한다는 것을 시칠리아에서 새삼 깨달았다. 매일 먹었던 파스타와 피자, 바다향 가득하던 홍합스튜와 차원이 다른 '깔라마리'까지, '신들의 부엌'에서 보낸 날들이 자주 그립다.

콰트로Quattro는 이탈리아어로 네 개라는 뜻, 칸티Canti는 모서리. 팔레르모는 콰트로 칸티라는 네 개의 모서리에서 뻗어나가기 시작한다. 이탈리아의 거의 모든 도시의 중심도로는 이름이 같다. 팔레르모의 중심도로도 이탈리아를 통일한 왕의 이름을 딴 비토리오 에마누엘레 거리다. 콰트로 칸티는 비토리오 에마누엘레 거리와 마퀘다 거리가 만나는 지점에 있다.

네 개의 모서리 1층에는 사계절의 여신이 지키는 분수가 있고, 2층 벽에는 시칠리아를 지킨 왕들의 조각상이 있다. 3층 벽면에는 시칠리아를 지켜준 성녀들, '산타 크리스티나,' '산타 닌파,' '산타 올리바,' '산타 아가타' 조각상이 있다. 풍요로운 계절과 정치적인 안정과 영혼의 충만함을 새겼다는 네 개의 모서리를 바라보고 있으니 여기야말로 완벽한 장소라는 생각이 든다. 인생의 길모퉁이에서 예상치 못한 것이 발목을 잡을 때 콰트로 칸티처럼 아름답고, 강하고, 충만한 힘이 우리를 지켜준다면 얼마나 좋을까.

여행을 떠나기 전 읽은 책 속에 팔레르모를 설명하는 인상적인

팔레르모, 콰트로 칸티

대목이 있었다. 이탈리아가 통일되기 전부터 팔레르모는 낭만이 넘치던 곳이어서, 팔레르모 사람들 사이에서는 멋진 옷을 맞춰 입고 오페라를 보러 가는 것이 유행이었다는 이야기. 팔레르모는 몰락한 귀족의 향기를 풍긴다. 이탈리아 북부에서 시칠리아를 향한 투덜거림이 자주 나오는 건 경제력의 차이 때문이지만 어쩌면 시칠리아의 여유와 낭만을 질투해서 그런 건 아닐까, 엉뚱한 상상도 해본다.

콰트로 칸티 바로 옆에는 프레토리아 광장이 있다. 프레토리아 Pretoria는 관저 혹은 관공서를 의미하는데, 프레토리아 광장에는 팔레르모 시청사와 법원이 있고, 여러 성당이 광장을 둘러싸고 있다. 프레토리아 광장은 사실 프레토리아 분수가 거의 전부다.

프레토리아 분수는 '수치의 분수'라는 별칭으로 더 유명하다. 계단식으로 이루어진 거대한 분수대를 둘러싸고 대리석으로 만든 48개의 조각상이 놓여 있는데, 아름다운 여인부터 주름 가득한 노인까지 다양한 신화 속 주인공을 정교하게 새겨놓았다. 이 조각상들은 대부분 옷을 벗고 있어서 성직자와 신자들을 불편하게 했다고 한다. 그래서 수치의 분수라고 불린다.

 영화 〈대부〉 O.S.T 중 'Love Theme'/Nino Rota

피렌체 출신의 조각가 프란체스코 카밀리아니가 1554년에 만든 작품인데 원래는 피렌체의 산 클레멘토 궁정에 있던 것을 팔레르모 의회가 구입해서 옮겨왔다고 한다. 이탈리아의 거의 모든 조각 작품이 옷을 벗고 있는데 왜 팔레르모에서만 '수치스러움'을 강조했을까? 팔레르모에 힌트가 있는 것이 아니라 '프레토리아'에 힌트가 있는지도 모르겠다. 관공서는 예나 지금이나 겉과 속이 다른 근엄함으로 가득하니까.

콰트로 칸티에서 마퀘다 거리를 따라 계속 걸으면 팔레르모의 오페라 극장, 마씨모 극장이 나타난다. 지도상으로는 10분쯤 걸린다고 했지만 이리저리 한눈을 팔며 걷다 보니 두 배는 더 걸렸다. 마씨모 극장 가는 길에는 버스킹하는 사람들이 많다. 음악을 즐기며 팔레르모식 낙천성에 금방 물들어 버리고 만다. 골목길을 기웃거리면 언제나 햇살 아래 몸을 말리고 있는 빨래들이 보였다. '낡음' 위에 걸린 '경쾌함'이 눈을 즐겁게 했다. 동남아의 뜨거운 나라로 이주한 친구가 '적도에 빨래를 널고 있어'라고 편지를 보내온 적이 있었다. 시칠리아의 햇살에 빨래를 너는 건 어떤 기분일까? 난간에 매달린 알록달록한 빨래들이 음표 같고 경쾌한 재즈 같았다.

오페라를 사랑하는 사람들의 기준에서 보자면 팔레르모의 랜드마크는 마씨모 극장이다. 〈대부3〉의 가장 강렬한 장면이 촬영된 곳, 시

수치의 분수

마씨모 극장

칠리아를 무대로 한 오페라 〈카발레리아 루스티카나〉를 떠올리게 하기 때문이다. 마씨모 극장에는 'L'arte rinnova i popoli e ne rivela la vita(예술은 사람들을 새롭게 하고, 그들의 삶을 밝혀준다)'는 문장이 새겨져 있다. 그리스의 신전처럼 우뚝 솟은 기둥과 건물의 조화, 그리고 계단 양쪽을 지키고 있는 늠름한 사자의 모습이 묵직하고 멋지다.

영화와 오페라에 이끌려 찾아간 곳이었지만 팔레르모 사람들에게는 일상의 친근한 장소인 듯 사랑받는 것 같아서 더 인상적이었다. 어느 곳이나 계단이 있는 장소는 청춘의 공연장이라는 것도 실감했다. 연인들은 마씨모 극장의 계단에 앉아 이야기를 나누고, 같은 곳을 바라보고, 키스를 나누고 있었다. 우리는 극장 건너편 카페에서 산 커피를 들고 '그들'처럼 계단에 앉아서 시간을 보냈다. 마씨모 극장도, 극장 앞 계단도, 영화도, 오페라도, 두 마리 사자도 다 마음을 울렁이게 했다. 심지어 극장 앞의 고풍스러운 키오스크도 오래 기억에 남아 있다.

 Mascagni - Cavalleria rusticana: Intermezzo/Filarmonica della Scala, 정명훈

시칠리아식 문제 해결법

팔레르모 구시가지는 길이 좁고 복잡했고, 숙소와 주차장 간의 거리는 조금 멀었다. 노르만 궁전 근처 노상 주차장에 차를 세우고 숙소까지 걸어야 했다. 이런 일을 겪는다는 걸 알고 있었기 때문에 우리는 출발 전에 기내용 여행 가방 하나만 가져오기로 약속했다. 짐을 쌀 때 남편이 오히려 '이건 너무 가혹한 거 아니냐'며 걱정을 했다. 하지만 정말 기내용 가방 하나면 충분했다. 작은 여행 가방인데도 울퉁불퉁한 옛길을 가는 건 쉽지 않았다. 가끔은 여행 가방을 번쩍번쩍 들며 숙소까지 걸었을 때도 있었다.

이튿날 차를 가지러 주차장에 갔다가 정말 황당한 일을 겪었다. 분명 관리인이 있는 주차장인데 우리 차의 앞에도, 뒤에도, 양옆으로도 차들이 바짝 붙어 있었다. 무려 3열로 주차된 현장을 보고도 레게 머리를 한 관리인은 별일 아니라는 듯 어깨를 한 번 으쓱하고는 사라져버렸다. 40분이 지나도록 상황은 해결되지 않았다. 주차장 근처에 사는 사람들이 익숙한 광경이라는 듯 우리를 내려다보고 있었다.

다시 10분쯤 지났을까? 레게 머리 청년이 바로 앞 공사장으로 가서 두 남자를 데리고 왔다. 그러더니 셋이서 우리 차 앞을 가로막고 있던 작은 차를 들어서 옆으로 옮기기 시작했다. 허걱! 분명 눈앞에서 일어난 일인데 보고도 믿을 수가 없었다. 그들이 몇 번 힘을 쓰니 이탈리아의 경차는 금방 옆자리로 수평 이동을 했다. 공사장에서 온 두 남자는 손을 털고 돌아갔고, 레게 머리 청년은 다시 어깨를 한 번 으쓱하더니 잘 가라고 손을 흔들었다. 차를 몰고 팔레르모를 떠나는데, 방금 일어난 일이 어이없고 기가 막혀 웃음이 나왔다. 역시 시칠리아답다!

시칠리아에는 시칠리아식 문제 해결법이 있었다. 태양의 세례를 듬뿍 받은 사람들이라 그런지 무거운 것을 가볍게 다룰 줄 알았다. 팔레르모의 주차장에서만 겪은 것이 아니었다. 여행 내내 곤란하거나 속상한 일이 생길 때마다 시칠리아 사람들은 느긋하고 가볍게 문제를 해결해 주었다. 해결되면 좋고 아니면 말고, 그런 자세로 느긋하고 태평했다. 시칠리아에서 돌아온 뒤에 '완전히 충전되었다'는 생각이 들었던 건 그런 이유일 것이다.

시칠리아는 매일 조금씩 나를 가벼워지게 했다. 그래. 죽고 사는일만 아니라면야 뭐 어때? 천천히, 쉬엄쉬엄, 가볍게 사는 거지! 쓸데없이 무거운 마음은 이따금 번쩍번쩍 들어 올리면서 사는 거지!

 Syracuse / Pink Martini

네 번째
체크인

이토록 우아한 숙소

　팔레르모에서 체팔루 가는 길에선 시칠리아의 경제 상황이 보였다. 오랫동안 그저 공사 중인 시늉만 하는 도로들, 몇 년째 방치된 듯한 터널들이 있었다. 그런데 나는 왜 시칠리아의 경제 사정을 걱정하고 있지? 어느새 시칠리아와 사랑에 빠졌다고 치자.

　팔레르모에서 차로 50분쯤 달려 체팔루에 들어섰다. 우리의 숙소는 체팔루 대성당 건너편에 있었다. 마중 나와 있던 숙소의 여직원은 가느다란 몸으로 여행 가방 두 개를 번쩍 들고 앞장섰다. 그녀가 일하는 태도는 팔레르모의 반지르르한 알바생과 너무나 달랐다. 물론 팔레르모의 청년에게서도 밝음과 가벼움을 즐겁게 배웠지만 체팔루에선 프로 정신의 묵직함을 배웠다. 이렇게 염렴한 사람을 프랑스어로 '에피꺄스Efficace'라고 표현한다고 친구2가 알려줬다.

체팔루 대성당이 정면으로 보이는 숙소는 무척 만족스러웠다. 2층에 있는 방의 구조는 독특했다. 천장에 단아한 장식이 있어서 방은 귀족의 방처럼 느껴졌고, 오른쪽엔 시중드는 하인의 방인 듯 또 작은 방이 있었다. 테라스로 나가는 문을 열면 정면에 체팔루 대성당과 광장이 보였다. 대성당 오른쪽으로는 체팔루의 상징 '로카'가 버티고 있었다. 그 작은 테라스야말로 백만 불짜리였다. 우리는 각자 방을 하나씩 차지했다. 나는 귀족의 방을, 친구1은 귀족의 방에 딸린 하인의 방을 택했다. 하인의 방에도 작은 테라스가 있다며 마치 귀족의 방인 듯 좋아했다. 친구2는 3층의 옥탑방으로 올라갔다. 더블 침대 하나가 방을 전부 차지한 그곳은 2층의 방과는 분위기가 사뭇 달랐는데, 사실은 그 방이 원래 내 몫의 방이었다. 친구2는 내게, 팔레르모의 방도 썩 마음에 들지 않았을 텐데 체팔루에선 귀족처럼 자라고 양보해주었다. 이러면 안 되는데, 되는데……

아침에 일어나 체팔루 대성당을 향한 창문을 열었을 때의 감동을 뭐라고 표현할 길이 없다. 노르만 왕조의 대성당과 그 앞 광장의 초록빛 파라솔이 접혀 있는 풍경, 밤새 비가 다녀갔는지 촉촉한 광장의 바닥, 그리고 텅 빈 오른쪽 골목의 고요가 잠깐 나를 울컥하게 했다. 이토록 우아한 숙소에서 두 번의 밤을 보냈다.

아침 식사는 지붕 위에 차려졌다. 카푸치노를 만들어 올라오니 빵과 과일과 레드 오렌지 주스와 요거트가 작은 테이블 위에 가득했다. 시월이어도 한낮엔 여름인가 싶게 더웠지만 흐린 아침엔 제법 쌀쌀했다. 스카프를 두르고 앉았다. 눈앞엔 대성당과 로카가, 왼쪽엔 지중해가 한가득이다. 아무것도 먹지 않아도 행복한 아침인데 커피와 크루아상과 과일마저 다 맛있었다.

바람이 조금 불었고 냅킨도 두어 장 날아가버렸지만, 그 모든 것도 일부러 넣어둔 에피소드인 것처럼 좋았다. 잠이 덜 깬 얼굴로 마주 앉은 셋은 카푸치노 잔을 들어 올렸다. '행복하다'는 말도 굳이 필요 없는 아침이었다.

어젯밤에 우리는 〈시네마 천국〉을 다시 한번 보았다. 나는 일 때문에 이미 일곱 번은 봤으니 이번이 여덟 번째였을 것이다. 그런데도 지루하지 않았고, 여전히 몰랐던 것들이 보였다. 산속에 있는 팔라초 아드리아노와 해변의 체팔루를 어쩌면 이렇게 교묘하게 연결해놓았을까? 체팔루의 해변에서 영화가 상영되던 장면은 특별히 유심히 보았다. 이제 곧 그 현장으로 산책을 갈 거니까. 체팔루역에서 토토가 멀리 떠나는 장면 역시도 새삼스럽게 마음에 담았다. 저 소박한 역이 체

팔루 역이었구나. 멀리 떠나기 정말 어려웠을 사람들의 '먼 곳'이 손 닿을 듯 가까운 곳에 있었다.

"뭐 해?"

내가 여행 중인 걸 모르는 한 친구가 오랜만에 메시지를 보내왔다.

"지붕 위에서 아침 먹고 있어!"

친구는 더 이상 메시지를 보내지 않았다. 갑자기 엄청 바쁜 일이 생겼거나 내가 좀 이상해졌다고 생각했거나 둘 중 하나일 것이다.

체팔루 대성당에서, 선생님을 위해

여행을 중계하는 건 내 취향이 아니다. 누군가가, 자기가 얼마나 멋진 걸 봤는지 수많은 사진과 함께 보내오는 소식도 썩 반갑지 않다. 하지만 시칠리아에선 예외였다. 나는 틈틈이 여행 이야기를 타전했다. 사진과 여행의 느낌과 거기 어울리는 음악과 영화까지 링크해서 열심히 보내드렸다. 나의 선생님께.

누구보다 여행을 좋아하시는 나의 선생님은 여고 시절 신문반 지도 선생님이셨다. 선생님은 〈세상의 모든 음악〉 애청자셨다. 선생님은 일 때문에 영화를 봐야 하는 나보다 더 많은 영화를 보셨고, 클래식 채널에서 일하는 나보다 더 자주 공연장에 가셨다. 내가 시칠리아를 여행할 무렵 선생님은 투병 중이셨다. 먼 곳으로 떠날 수 없는 선생님을 위해서 나는 부지런히 여행 이야기를 전해드렸다. 특히 팔라초 아드리아노에서 보내드린 사진과 영상을 정말 좋아하셨다. 어쩌면 선생님이 닿고 싶은 '먼 곳'도 〈시네마 천국〉의 촬영지 팔라초 아드리아노였을지도 모르겠다. 나의 시칠리아 여행에는 선생님의 몫도 있었다.

체팔루 대성당을 처음 봤을 땐 대성당이라기보다는 요새 같다는 생각이 들었다. 투박한 외관과 대성당 뒤에 버티고 있는 로카 때문이었을까? 아마도 성당 양쪽의 거대한 탑 때문이었을 것이다. 여행을 하며 아름다운 성당을 많이 봤기 때문에 체팔루 대성당이 처음부터 특별했던 건 아니다. 숙소에선 바로 대성당이 보였고, 체팔루에서 2박을 할 예정이었으니 한 번은 들어가 보는 것이 예의일 것 같았다.

체팔루 대성당은 제단 전면을 제외하면 내부가 간결하고 엄숙했다. 노르만 궁전에서 보았던 것과 닮은 황금빛 제단 장식이 어둑한 빛속에 신기루처럼 빛나고 있었다. 침묵과 어둠과 금빛 찬란한 제단화 사이에 사람들이 띄엄띄엄 앉아 있었다.

바로 여기다! 내 마음에 그런 신호가 떴다. 두 손을 모으고 그 위에 이마를 묻었다. 그리고 선생님을 위해 기도했다. 기도를 잘 못하는 사람의 기도는 들어주신다는 말을 어디선가 들었고, 그 말에 매달렸다. 나의 선생님이 다시 건강을 회복하시기를, 그래서 당신이 가보고

체팔루 골목 풍경

싶은 '먼 곳'을 여행하실 수 있기를 기도했다.

소나기가 한바탕 지나간 체팔루의 골목은 신비로웠다. 빗물이 흥건한 바닥에 다시 햇살이 쏟아지며 반짝이는 오후를 만들었다. 아마 어느 쪽엔가 무지개도 떴을 것이다. 어제 지나온 체팔루의 골목을 천천히 걸었다. 체팔루는 바닥까지 아름다웠다. 어떤 길은 가운데 자갈이 촘촘하게 박혀 있고, 양쪽으로는 마차가 지나기 쉽도록 다듬어 놓았다.

시칠리아에선, 좀 과장해 보자면 '열 집 건너 작은 성당이 하나씩 있다'고 느껴졌다. 체팔루에서도 그랬다. 여행이 계속되는 동안 시칠리아의 역사와 환경을 조금씩 이해하게 되었는데, 이토록 많은 성당이 필요한 이유도 조금은 알 것 같았다. 오랜 세월 침략과 전쟁에 시달렸던 시칠리아 사람들에겐 기댈 곳과 마음의 걱정을 맡길 곳이 간절했을 것이다. '신들의 부엌'이라 불리는 이 풍요로운 땅을 로마에서, 그리스에서, 아프리카에서 가만 보고 있었겠는가. 눈 뜨면 침략자들과 맞닥뜨려야 했던 시칠리아 사람들에겐, 평화를 구하고 걱정을 맡기러 갈 가깝고 고요한 장소가 필요하지 않았을까?

그나저나 체팔루의 오후는 고요를 넘어 적막하다. 골목 안 대부분의 상점엔 오후 다섯 시에 다시 문을 연다는 표시가 붙어 있다. 명색이 관광지인데, 이렇게 여행자들이 호기심 가득한 눈으로 골목을 걷고 있는데 문을 닫아걸다니. 부럽다, 이런 시에스타^{Siesta}. 부럽다, 이런 배짱. 골목을 걷는 내내 마법의 주문처럼 '시에스타, 시에스타!' 하고 중얼거렸다.

너의 소문을 듣고 싶어

〈시네마 천국〉에서 내 마음을 가장 흔들었던 건 알프레도 아저씨가 토토에게 이곳을 떠나라고 권유하던 대목이었다. 엘레나에게 마음을 빼앗긴 토토에게 알프레도 아저씨는 이렇게 말했다.

"멀리 떠나라. 그리고 다시는 돌아오지 마라. 나는 너의 소문을 듣고 싶어."

이 낡고 가망 없는 곳을 떠나라고, 절대로 돌아올 생각도 하지 말라고 했던 아저씨의 진심이 고스란히 담긴 대사였다. 영화를 볼 때마다 그 장면에 마음이 멈추었다. '네가 꿈을 멋지게 이루었다는 소문을 듣고 싶다'는 알프레도 아저씨의 간절한 마음 때문에. '성공하라'는 주문과 '너의 소문을 듣고 싶다'는 주문은 얼마나 차원이 다른가, 생각하면서.

토토가 어머니와 신부님과 알프레도 아저씨를 떠나던 곳은 체팔루 기차역이었다. 입대를 위해 떠나는 장면은 팔라초 아드리아노에서 찍었지만, 고향을 영영 떠나는 장면은 체팔루 역에서 촬영되었다.

체팔루의 아기자기한 골목과 대성당 앞 광장과 바다 가까이 지은 집들 사이를 지나면 방파제가 있는 해변이 보인다. 〈시네마 천국〉의 또 하나의 촬영지, 배에 탄 채 영화를 보던 바로 그 장면이 촬영된 포르토 베키오다. 영화 〈시네마 천국〉에선 이 바닷가의 집 벽면에 영화를 쏘았고, 사람들은 돈을 내고 영화를 보러 왔다. 입장료를 내지 않으려고 나룻배에 탄 채 영화를 보는 사람들도 있었다. 그들은 가난해서 배 위에서 영화를 봤겠지만, 사실 보트 위에서 영화를 감상하는 건 부호들이나 할 수 있는 일 아닌가? 시칠리아에선 가끔 부와 가난이, 기쁨과 슬픔이, 행복의 필요 충분 조건이 혼동되곤 했다.

체팔루의 해변은 엘레나를 다시 만나고 싶었던 토토의 꿈이 이루어진 곳이다. 갑자기 비가 쏟아지고 관객들이 흩어져 버렸을 때 토토는 해변에 드러누워 비를 맞는다. 도무지 채워지지 않는 그리움을 씻어내고 싶다는 듯 눈을 감고 비를 맞는데, 꿈인 듯 엘레나가 나타나 토토에게 입맞춤을 했다. 그래서인지 체팔루 해변엔 사랑의 자물쇠를 거는 장소가 있다. 해변엔 다섯 개의 벤치가 있는데, 호텔로 치자면 5성급 호텔쯤 되는 전망을 가졌다. 벤치가 호화로워서가 아니라 그 벤치에 앉아서 보는 체팔루 해변 풍경은 뭉클하다. 오래된 흑백영화에서 느껴지던 무언가가 거기 있었다. 누군가는 '참 낡은 집들이네, 여긴 너무 황량해' 하고 돌아설지도 모른다. 하지만 바로 그것이 체팔루의 아

채팔루 골목의 식당

름다움이다. 아무것도 덧칠하지 않은 풍경이 화려한 것으로 가득 채워진 것보다 더 오래, 더 많은 말을 건다. 체팔루는 그런 곳이다.

대성당 오른쪽, 건물과 건물 사이 좁은 골목에 맛집이 있다고 '에피꺄스'한 숙소의 직원이 알려주었다. 기울어진 골목에 내어놓은 식탁이 썩 편하진 않았지만 음식은 무척 만족스러웠다. 어떻게 알았는지 많은 여행자들이 이곳을 찾아왔다. 하긴 시칠리아에선 거의 모든 식당이 맛집이었고, 거의 모든 음식이 만족스러웠다. 원래도 이탈리아 요리를 좋아하지만, 시칠리아의 파스타와 피자는 매번 맛있었다. 가끔 매운 것이 그리울 땐 '올리오 피칸테^{Olio Piccante}!'를 외치면 된다. 페페론치노가 들어간 매콤한 올리브 오일이 그리움을 충분히 해소해 주었다. '올리오 피칸테'가 없다고 말한 식당이 딱 한 곳 있었는데, 유일하게 음식도 썩 만족스럽지 않았던 곳이었다. 그러니 '올리오 피칸테'가 없다면 맛집이 아니라는 나만의 편견이 생겨버렸다.

 영화 〈시네마 천국〉 O.S.T 중 'Love Theme'/ Ennio Morricone

체팔루를 떠나는 날, 새벽에 눈을 뜨자마자 체팔루 해변으로 갔다. 벤치에 앉아서 새벽의 기운이 걷혀가는 걸 가만히 바라보았다. 체팔루 해변은 왜 특별한 느낌을 주는 것일까? 해변의 집들은 대부분 바다 쪽으로 소박한 테라스만 내었을 뿐 거의 등을 돌린 듯 뒷모습을 보여주고 있었다. 뒷모습이 만들어낸 쓸쓸하고도 뭉클한 풍경, 체팔루가 내게 준 선물이다. 포지타노나 아말피나 베네치아의 해변에서는 만날 수 없는 선물이다.

다섯 번째
체크인

　프로 정신을 보여준 에피꺄스한 그녀와 작별하고 체팔루를 떠났다. 메시나에 도착할 때까지 왼쪽으로 펼쳐진 바다는 티레니아해, 이탈리아 본토가 닿을 듯 보이던 메시나를 지날 때부턴 이오니아해가 펼쳐졌다. 체팔루에서 타오르미나까지는 차로 두 시간 반이 넘게 걸렸다.

　마침내 타오르미나에 도착했다. 발아래 펼쳐진 바다를 품은 지역은 Gulf of Naxos, 낙소스만이다. 'Naxos'라는 음반 레이블이 기억나서 활처럼 휜 낙소스만이 더 반가웠다. 타오르미나는 해발 250미터 산 중턱에 있다. 기차를 타고 도착하는 사람들은 버스나 케이블카를 타고 올라온다. 물론 걸어서 오는 사람들도 있다. 친구1이 우리의 숙소는 타오르미나에 있는 것이 아니라고 말했다. 그럼 어디? 그는 산꼭대기 마을을 손으로 가리켰다. 절벽 위에 위태롭게 얹혀 있는 해발 400미터 산꼭대기 카스텔몰라에 우리의 숙소가 있다고 했다.

면허를 딴 지 오래되었고, 나름대로 운전을 즐기는 편이고, 험한 길도 제법 다녔지만 카스텔몰라의 숙소를 찾아갈 때처럼 두려웠던 길은 없었다. 뭐랄까? 차를 타고 산 위를 가는 것이 아니라 비행기를 몰고 이륙하는 느낌이었다. 길은 좁고, 가드레일은 없거나 부실하고, 한 모퉁이를 돌 때 저 아래 바다가 아슬아슬 보이고, 또 한 모퉁이를 돌면 에트나 화산의 연기가 보였다. 구글 지도로 찍어보면 타오르미나에서 카스텔몰라까지 걷는 길은 2.3킬로미터, 차로 오면 5.3킬로미터다. 얼마나 구불구불 올라가야 하는지 확 느껴지지 않는가! 차를 타고 올라오는 데 걸린 시간은 15분에서 20분 정도였지만 체감 시간으로는 한 시간도 넘게 걸린 듯했다.

우리를 경악하게 한 것은 이 길을 오가는 버스가 있다는 것. 타오르미나의 광장에는 매시간 40분에 카스텔몰라로 가는 버스가 있다. 오전에는 한 시간 간격이고 오후엔 두 시간 간격이다. 그 버스는 상당히 거침없이 달리는 것으로도 유명하다. 버스를 타고 산길을 가본 사람들은 알겠지만, 버스 좌석의 높이에서 벼랑길을 도는 건 롤러코스터도 범접할 수 없는 경지다. 게다가 카스텔몰라로 가는 길은 상태가 그리 좋지도 않았다. 버스의 높이와 카스텔몰라 가는 길의 경사를 생각하면

절대로 선택하고 싶지 않은 옵션이다. 하지만 버스엔 제법 많은 사람이 타고 있었다. 만약 인생이 지루한 사람이 있다면 타오르미나의 광장에서 출발하는 카스텔몰라행 버스를 타라고 권하고 싶다.

카스텔몰라 입구에는 산 안토니오 광장이 있고, 광장 모퉁이에는 300년이 넘었다는 카페 산 조르지오가 있다. 이곳에 우리 숙소의 열쇠가 맡겨져 있었다. 산 안토니오 광장에서 우리의 숙소는 3분 거리, 교회 옆 골목 끝에 숙소가 있었다. 친구1이 열쇠로 문을 여는 동안 친구2와 나는 골목 끝 담장 너머 풍경을 바라보았다. 타오르미나가 까마득하게 내려다보였다. 그러니까 우리가 묵을 숙소가 벼랑 끝에 매달린 집이라는 뜻이었다. 순간 친구2와 나의 눈이 마주쳤다. 그리고 서로의 눈빛에서 같은 질문을 읽었다.

'내일은 여기 말고 좀 낮은 곳에서 자면 안 될까?'

시칠리아의 숙소에서 미국이나 서유럽 도시들의 깔끔함과 화사함을 기대하기는 어렵다. 물론 그런 숙소들도 있겠지만 그건 시칠리아답지 않다. 시칠리아에선 시칠리아답게! 우리는 기본적으로 이런 컨셉에 동의했다. 카스텔몰라의 숙소도 그랬다. 나름대로 깔끔한 곳이었고, 시칠리아를 여행 중이라는 걸 실감하기에 충분했다. 방의 창문 너머로도 굉장한 풍경이 보였다. 하지만 쉴 새 없이 바람이 불었다. 창문이 계속 덜컹덜컹 흔들렸다. 마치 귀곡산장처럼. 그럴 수밖에 없었다.

우리의 숙소는 절벽 끝자락의 집, 테라스 끝은 낭떠러지였다. 테라스가 넓어 그나마 절벽 위에 매달린 느낌이 조금은 덜했다.

우리가 가끔 전망 좋은 곳에 가고 싶은 이유

우리의 여행에 클레임이란 없다. 모두 각자의 역할이 있었고, 누군가 그 역할을 해내고 있을 땐 무조건 그 사람의 판단을 따른다. 그래서 이들과의 여행이 오래 이어질 수 있었다. 아무리 친해도 여행을 다녀오면 깨어지는 관계가 허다한데, 우리는 여행을 다녀와 더 친밀해졌다. 1년에 고작 두세 번 밥 먹는 사이였지만 여행의 취향에 있어선 이보다 더 완벽할 수 없었다. 그건 서로의 역할을 완벽하게 지지해 주기 때문이었다. 숙소에 도착한 후엔 서로 마음 가는 대로 했다. 그래도 대부분은 함께 밥을 먹으러 갔고, 함께 기뻐했다.

친구1이 고른 숙소와 레스토랑은 감탄을 부를 만큼 훌륭했다. 워낙 많은 리서치를 통해 최대의 결과를 얻어내기 때문이다. 친구2가 준비하는 음악과 영화와 다정함은 여행의 분위기를 늘 최고로 만들어주었다. 나는 여행할 곳과 관련 있는 예술가와 그들의 작품에 대해 이야기를 슬쩍 보태는 사람이었고, 운전기사이자 '띄엄띄엄 사진작가'였다. 워낙 풍경이 좋으니 띄엄띄엄 괜찮은 사진을 한 장씩 건질 수 있었다. 방송 작가로 일하는 동안 쌓인 잡다한 지식과 《예술가의 지도》라는 책을 쓰며 구축한 인문학의 지도를 가끔 풀어놓을 때도 있었다. 하지만 그들 역시 인문학에 깊은 조예를 갖춘 사람들이니 내 이야기가 필요한 순간은 많지 않았다. 토스카나의 어느 햇살 좋은 길을 갈 때 영화 〈프라하의 봄〉 마지막 장면이 생각난다고 하면 그걸 금방 이해하는 사람들이었다. 그리스의 고속도로를 달릴 때 '조르바'를 이야기하면 '미키스 테오도라키스'나 '마노스 하지다키스'를 함께 이야기할 수 있었다. 적당한 공감, 서로 공유할 수 있는 음악과 영화와 책 이야기가 우리가 함께 여행할 수 있는 힘이었다.

친구1에게 '어떻게 이런 숙소를 구했느냐'고 물었다. 클레임이라기보다는 일종의 경외심을 담은 질문이었다. 그의 대답은 쿨했다.

"전망이 끝내주니까."

그렇다. '전망'이란 이런 것이다. 오른쪽엔 에트나 화산이, 발아래엔 이오니아해와 낙소스만이 펼쳐져 있고, 괴테가 전망 좋다고 찬사를 보낸 타오르미나도 발아래 까마득한 곳에 있었다. 내일 아침엔 '절벽 위의 아침 식사'가 우리를 기다리고 있을 것이다.

타오르미나의 중심거리는 포르타 메시나에서 포르타 카타니아로 이어지는 코르소 움베르토다. 하지만 대부분의 여행자는 왼쪽에 있는 비아 테아트로 안티코^{Via Teatro Antico}로 간다. 타오르미나를 잊을 수 없는 곳으로 만드는 건 마을 왼쪽 끝자락에 자리 잡은 고대 그리스 극

타오르미나, 고대 그리스 극장 가는 길 이정표

타오르미나, 고대 그리스 극장

장 테아트로 안티코 디 타오르미나Teatro Antico di Taormina이다.

　이 허술한 입구 뒤에 무엇이 있을지 여행자들은 미처 알아차리지 못한다. 이곳에 오기 전에 미리 사진을 보았다 하더라도 전혀 짐작할 수 없다. 그 규모와 그 전망과 그 압도적인 감동을. 입구를 지나 폐허의 한 부분을 지나니 갑자기 눈앞에 고대 그리스의 극장이 펼쳐졌다. 폼페이에서도, 아테네에서도 고대 그리스 극장을 본 적이 있다. 그런데도 타오르미나의 고대 그리스 극장에선 '사로잡힌 영혼'이 되어버렸다. 극장이 있었고, 또한 극장만 있는 것은 아니었기 때문이다. 기원전 3세기에 만들어졌다는 시간의 무게에, 5400명을 수용할 수 있다는 극장의 거대함에, 그리고 무대 너머에 펼쳐진 풍경에 금방 압도되고 말았다.

　무대가 잘 보이는 높은 곳의 객석에 앉았다. 오른쪽으로는 유럽에서 가장 높은 에트나 화산이 보이고, 반쯤 허물어진 무대 정면 너머로는 낙소스만이 보였다. 우리는 띄엄띄엄 앉아 각자의 고대 그리스 극장을 만났다. 두 친구는 한동안 미동도 하지 않았다. 물론 나도 그랬다. 고대 그리스 비극이 상영되던 기원전 3세기의 극장, 물을 채워 해전을 펼치는 장면도 구현했다는 고대 로마 시대의 극장, 그리고 기돈 크레머가 바이올린을 연주하는 극장, 축구선수 베컴만큼이나 멋진 팝페라 알레산드로 사피나가 한 여름밤을 장식하는 극장. 수많은 버전의 고대 그리스 극장이 내 마음 안에 차올랐다. 이 무대에 서는 건 예술가로서 얼마나 특별한 일일까? 이 무대여서 영광이겠지만 이 무대라서 힘들지도 모르겠다. 고대 그리스 극장의 역사와 풍광에 압도당한 청중에게 어지간한 공연으로는 감동을 주기 어려웠을 테니.

사람들이 끊임없이 들어오고 썰물처럼 빠져나갔지만 우린 오래 거기 있었다. 괴테가 감탄했던 곳이어서가 아니라 이 극장 자체가 인생 같았기 때문이다. 로마인들은 특히 이 극장에서 공연하는 걸 즐겼다는데, 공연을 즐기면서도 침략자를 파악할 수 있었기 때문이라고 한다. 오른쪽엔 모든 것을 한 방에 날려버릴 수 있는 화산이 여전히 활동 중이고, 무대 뒤는 절벽이고, 그 너머로 낙소스만과 해변 마을들이 내려다보이는 환상적인 전망을 가진 곳. 그토록 오래전에 지구를 다녀간 사람들이 만들어놓은 극장에 앉으니 인생의 드라마틱한 면면이 잘 보였다.

가끔 전망 좋은 곳에 가고 싶다는 생각을 한다. 한때는 그것이 삶에 대한 어리광이라고 생각했었다. 때론 정신적인 사치이거나 나에게 주는 선물 같은 것이라고 생각했었다. 하지만 시칠리아에 와보니, 타오르미나의 고대 그리스 극장에 앉아보니, 카스텔몰라의 까마득한 숙소에서 하루를 보내고 나니 '전망'의 의미가 다르게 다가온다. '전망 좋은 곳'이란 생존의 문제와 직결되는 감각이라는 걸 알겠다. 침략과 방어가 일상이었다면 탁 트인 전망을 품어야 살아남을 가능성이 높았겠지. 그러므로 가끔 전망 좋은 곳에 가고 싶다는 생각이 드는 건 사치스러운 감정만은 아닐 것이다. 살아남기 위해 더 높은 곳으로 올라가야 했던 시칠리아 사람들처럼 더 높고 전망 좋은 곳으로 올라가 삶을 지켜내라고, 우리 마음이 비상등을 깜박이는 순간일 것이다.

시칠리아 최고의 맛집은 마짜로 해변에 있었다

타오르미나는 이솔라 벨라 해변, 마짜로 해변, 낙소스 해변과 해발 250미터에 있는 구시가지, 그리고 해발 400미터의 카스텔몰라까지 포함해서 삼단으로 구성되어 있다. 타오르미나가 시칠리아 최고의 도시로 꼽히는 건 이렇게 드라마틱한 높이를 가진 것도 한몫했을 것이다. 한 지역에서 해변과 산꼭대기까지 다 경험할 수 있는 건 드문 일이니까.

영화를 좋아하는 사람이라면 뤽 베송 감독의 〈그랑블루〉를 기억할 것이다. 프리다이빙 챔피언 자크 마욜과 그의 라이벌 엔조 몰리나

 영화 〈글래디에이터〉 O.S.T 중 'Now We Are Free'/2Cellos

리의 우정과 경쟁을 다룬 영화였고, 바닷물이 방을 채우던 자크의 꿈 장면이 화제가 되었던 작품이다. 커다란 덩치의 엔조가 아주 작은 차에서 내리던 장면도 인상적이었는데, 이 영화의 촬영지가 바로 이솔라 벨라였다. 바다로 뻗어나간 귀여운 꼬리 같은 이솔라 벨라섬은 자연 그대로의 모습을 유지하기 위해 한 시간에 15명 정도만 들어갈 수 있다. 이솔라 벨라 안으로 들어가진 못했지만, 하트 모양 해변에서 이솔라 벨라를 바라보기만 해도 좋았다.

이탈리아의 식당에는 약간의 구분이 있다. 리스토란테Ristorante는 고급 레스토랑을 말하고, 트라토리아Trattoria는 각 지방의 음식을 맛있게 담아내는 소규모 식당을 말한다. 오스테리아Osteria는 간단한 음식과 와인을 서빙하는 식당을 말하는데, 여인숙을 겸하는 경우가 많다. 좀 더 소박한 골목식당 분위기라고 보면 좋을 것이다. 여행자에게 리스토란테는 부담스럽지만 트라토리아 중엔 잘 찾으면 미슐랭급 맛집이 숨어 있는 경우가 있다.

마짜로 해변에서 우리는 미슐랭급 맛집을 찾아냈다. 주차장에 차

영화 〈그랑블루〉/Luc Besson 감독, 1988년

를 세우고 계단을 한참 내려가니 우리가 예약한 '일 바르카이올로'가 있었다. 가족이 운영하는 식당이었는데 지금껏 본 적 없는 독특한 메뉴가 가득했다. 해산물을 좋아하는 두 친구는 신이 났다. 미슐랭 2스타를 줘도 아깝지 않다고 했다. 꾸밈없는 식탁이었고, 소박한 식기에 담긴 음식이었지만 그 싱싱함이 남달랐다. 바로 잡아서 요리해 주는 그 싱싱함을 어디에 비할 수 있을까. 간판에는 리스토란테라고 붙여놓았지만 분위기는 트라토리아 같았고, 맛은 정말 최상급이었다.

마짜로 해변이 특별한 추억으로 남은 이유가 또 있다. 성수기가 아니었기 때문에 사람이 그다지 많지 않았던 그 식당에 한 여인이 뒷모습을 보이며 앉아 있었다. 빨간 옷을 입은 그녀. 왼쪽엔 배낭을 내려놓고 혼자 바다를 바라보며 천천히 식사하던 그녀. 그저 혼자였을 뿐이고, 빨간 옷을 입었을 뿐이고, 갈색 머리를 뒤로 질끈 묶었을 뿐인데 그녀의 뒷모습에선 몇 권의 소설이 후두둑 떨어질 것 같았다. 그녀는 전혀 외로워 보이지 않았고, 동시에 무척 외로워 보였다. 마짜로 해변을 통째로 눈에 담고 있는 그녀. 외롭고 아니고를 떠나 혼자인 그녀의 뒷모습이 오래 기억에 남아 있다.

절벽 끝 도서관

다시 카스텔몰라로 돌아왔다. 어두워지기 전에 돌아와야 했다. 다행히 어제보단 산길이 덜 무서웠다. 인간은 적응의 동물이라는 걸 실감했다. 산 안토니오 광장에는 이 마을이 어떤 풍경을 가지고 있는지 자랑스럽게 보여주는 뷰포인트가 있다. 물론 우리의 숙소에서도 멋진 전망이 보이지만 산 안토니오 광장에서 보는 풍경엔 또 다른 매력이 있었다. 타오르미나가 까마득히 내려다보이고, 구불구불한 길을 타고 마을로 올라오는 버스도 보이고, 이솔라 벨라섬이 바다 쪽으로 꼬리처럼 튀어 나간 것도 색다르게 보였다.

저녁을 먹기 전 카스텔몰라의 골목을 산책했다. 꼬불꼬불 오르내리는 골목의 끝에 작은 광장을 품은 두오모가 있었다. 산 니콜로 디 바리 성당은 16세기에 처음 세워졌고, 고난의 역사 속에 허물어졌다가 1935년에 재건되었다. 성당 앞에는 치에사 마드레 광장이 있는데, 특이하게도 이 광장의 바닥은 체스 무늬를 이루고 있다. 이렇게 오래된 마을에 이렇게 모던한 광장은 뭐지? 마치 판타지 영화의 세트장 같다. 타일이 하나씩 열리고 그 안에서 토끼, 달팽이, 다람쥐, 그리고 커다란 곰도 튀어나올 것만 같다. 산 니콜로 디 바리 성당에서는 가끔 결혼식이 열린다고 했다. 이토록 높은 곳에서 열리는 결혼식은, 체스판 같은 광장에서 열리는 피로연은 또 얼마나 멋질까?

카스텔몰라 치에사 마드레 광장

카스텔몰라 절벽 위의 작은 도서관

성당의 주 출입문은 왼쪽에 있고, 그 앞에는 담장이 있었다. 더 이상 갈 수 없다는 의미다. 담장에선 여전히 하얀 연기를 내뿜고 있는 에트나 화산이 잘 보였다. 최근에도 분화한 적이 있는 저 활화산을 껴안고 시칠리아 사람들은 아무렇지도 않게 잘 살아가고 있다.

날이 서서히 저물고 있었다. 이제 저녁 식사를 할 식당을 찾아야 할 시간이 됐다. 성당에서 돌아서다가 담장 바로 옆에 작은 건물이 있는 걸 발견했다. 아치 모양의 출입문엔 'Biblioteca Comunale Proe S. Gullotta'라는 현판이 걸려 있었다. 시칠리아에서 가장 작은 도서관, 어쩌면 이탈리아에서 가장 작을지도 모르는 도서관이 거기 있었다. 원래 초등학교가 있던 자리라는데, 지금은 레스토랑도 있고, 상점도 들어 있고, 이 작은 도서관이 있었다. 도서관은 1956년에 조성되었고, 살바토레 굴로타 교수가 책을 기증하면서 만들어졌다고 한다.

이런 뜻밖의 장소를 만나면 가슴이 뛴다. 도서관의 아치문을 보는 순간에도 갑자기 가슴이 뛰었다. 산꼭대기 마을에서도 가장 안쪽에서 만난 작은 도서관은 그림책에서 본 신비의 공간 같았다. 저 문을 열고 들어서면 이상하고 사랑스러운 나라가 펼쳐질 것 같았다. 도서관의 내부를 보고 싶었는데 아쉽게도 문이 닫혀 있었다.

내가 만약 카스텔몰라에 다시 온다면 이 도서관 때문일 것이다. 그땐 다른 무엇보다 이 도서관의 내부를 꼭 보고야 말 테다. '내가 만난 가장 작고, 가장 아름답고, 가장 감동적인 도서관이 카스텔몰라 절벽 위에 있었다'고 마음에 새겼다. '절벽 끝까지 밀려가도 우리에겐 도서관이 있다'는, 황홀한 희망의 증거 같아서……

나 도 한 번 세 상 을 팽 개 쳐 보 는 일

까마득한 높이 때문인지, 절벽 끝에서 마주한 에트나 화산 때문인지, 아니면 시칠리아에서 가장 작은 도서관 때문인지 카스텔몰라의 마지막 밤은 허공을 걷는 기분이었다. 카스텔몰라엔 문을 닫은 식당이 많았고, 원래부터 아주 유명한 식당이 있는 것 같지도 않았다. 이미 마짜로 해변에서 최고의 식사를 해서 우리 눈이 높아진 탓도 있을 것이다.

시칠리아에서의 마지막 저녁 식사니까 최고의 식사를 하겠다는 마음 같은 건 접었다. 이미 우리에겐 최고의 경험이 너무 많이 쌓였으니까. 어딜 골라도 이탈리아의 식당은 대부분 다 맛집이다. 카스텔몰라의 식당도 그랬다. 문을 연 몇 개의 식당 중 한 곳을 찾아 들어갔다. 샐러드와 파스타와 해산물 튀김을 시켜놓고, 우리는 묵직해진 추억의 무게를 화이트 와인에 담았다. 송글송글 물방울이 맺힌 잔을 가볍게 부딪혔다. 이 저녁엔 대화가 많았던 것 같기도 하고, 아닌 것 같기도 하다. 기억은 늘 이렇게 허술하다. 물론 기억은 애매하고 모호해서 더 아

카스텔몰라, 산 안토니오 광장

름답기도 하다.

저녁을 먹고 숙소로 걸어오는 길, 산꼭대기 마을에도 깊은 가을이 오려는지 바람이 싸늘했다. 마짜로 해변에서 점심을 먹을 땐 한여름 같았는데, 카스텔몰라에서 저녁을 먹고 나니 어느새 늦가을이다.

해야 할 일 많은 가을에 긴 시간을 내어 여행하기란 쉬운 일이 아니었다. 여행을 떠나야 할 이유가 열 가지 있다면 못 갈 이유는 백 가지도 넘었다. 하지만 눈 질끈 감고 떠났다. 그렇다. 여행이란 뒷일 생각 같은 건 잠시 접어두고 눈 질끈 감고 떠나는 것이다. 안도현 시인도 여행을 '세상이 우리를 내버렸다는 생각이 들 때 우리 스스로 세상을 한 번쯤 내동댕이쳐 보는 거야'라고 썼다.

카스텔몰라의 밤길을 걸어 숙소로 돌아오면서 생각했다. 시월의 날들을 그저 일상의 울타리 안에서 보냈다면 어땠을까? 물론 그래도 좋았을 것이다. 하지만 시칠리아의 추억은 만들어지지 못했겠지.

매일 아침 세수를 하며 배운다. 내가 먼저 웃지 않으면 거울 속의 나는 결코 웃는 법이 없다는 것을. 여행하며 배운다. 내가 먼저 움직이지 않으면 세상도 움직이지 않는다는 것을.

숙소로 돌아와 짐을 정리했다. 들고 온 짐이 많지 않아서 정리할 짐도 별로 없긴 했다. 가방을 정리한 뒤 우리는 주방 앞 탁자에서 만났다. 프로제코는 샴페인 잔에 따라도 근사했다. 세 개의 잔이 챙그랑 부덮혔다. 이 귀곡산장에 잠시 적응하지 못했던 것을 빼면 모든 것이 좋았던 여행. 적당한 배려와 정다운 무관심 속에 흘러간 여행의 모든 순간이 아름다웠다.

잔을 들고 테라스로 나갔다. 잠깐 비가 지나갔는지 테라스가 반짝였다. 발아래 타오르미나도, 낙소스만의 해안선도 반짝였다. 바다는 밤이 되어도 완벽하게 어두워지는 않는다는 것도 알았다. 수평선이 미세하게 곡선을 이룬 것도 잘 보였다. 바람이 창문을 흔들어대던 카스텔몰라의 집은 최고의 숙소였다.

쉽게 잠이 오지 않았다. 여유로운 여정이었으니 딱히 피곤하지 않아서 그랬을지도 모른다. 무엇보다 지금껏 다닌 여행지와는 너무나 달랐던 시칠리아 여행이 끝나가는 것이 나를 조금은 감상적으로 만들었을 것이다. 유럽 곳곳에는 동화처럼 아름다운 마을이 많다. 그곳에선 감탄과 감동의 모양이 크게 다르지 않을 것이다. 시칠리아는 좀 다르다. 누군가는 이 풍경과 정서가 편하지 않을 수도 있다. 하지만 우리처럼 시칠리아에 매혹되어 헤어나오지 못하는 여행자도 많을 것이다. 고작 열흘도 안 되는 시간이지만 시칠리아는 내 영혼 어느 페이지에 레드 오렌지를 닮은 뜨거운 스탬프를 꾸욱, 새겨 놓았다.

어제보단 누그러졌어도 밖에는 여전히 드센 바람이 불고 있다. 내일은 새벽 네 시 반쯤 일어나야 한다. 늦어도 새벽 다섯 시 20분에는 산 안토니오 광장을 출발해야 한다. 어두운 카스텔몰라의 벼랑길을 어떻게 내려가지? 몰라! 내일 걱정은 내일 할 거야.

안녕, 나의 시칠리아!

늘 궁금했다. '야간비행'에 나선 생텍쥐페리가 하늘에서 보았던 풍경이. 좀 과장된 표현이긴 하지만, 새벽에 카스텔몰라의 산비탈을 내려갈 때 나는 아득히 먼 곳에서 반짝이는 저 불빛을 찾아가 우편물을 떨어뜨려야 하는 조종사가 된 것 같았다.

새벽 다섯 시 10분, 산 안토니오 광장에 세워두었던 차에 시동을 걸고 짐을 실었다. 이제 타오르미나로 내려가서 다시 카타니아 공항 방향으로 가는 고속도로를 달려야 한다. 그런데 이 코스, 시작부터 너무 거칠다. 떠나기 전 우리는 산 안토니오 광장의 전망대에서 카스텔몰라의 새벽을 말없이 바라보았다. 이런 전망을 마음에 들이게 해준 친구1에게 새삼 더 고마운 마음이 들었다. 나의 불안을 눈치채고 '내일은 타오르미나로 내려가자'고 위로 겸 작당을 해준 친구2도 정말 고마웠다.

이제 카스텔몰라의 산길을 안전하게 내려가야 할 시간이었다. 비행기를 타기까지는 시간이 충분했다. 오른쪽엔 에트나 화산과 타오르미나 집들의 불빛, 정면으로는 이오니아해와 깜박이는 배들의 불빛도 보였다. 착륙하기 위해 속도를 줄이고 고도를 낮추는 조종사처럼 아주 천천히 차를 몰았다. 세상은 아직도 어두운 꿈속이었고, 우리는 절반쯤 신비로움에 휩싸여 카스텔몰라의 산길을 내려왔다.

고속도로에 진입하기 전, 친구2에게 핸들을 넘겨주었다. 이제 멀미를 일으키는 굽이굽이 길이 끝났으니 뒷자리에 앉아서 갈 수 있었다. 왼쪽으로 펼쳐진 이오니아해가 조금씩 푸른 기운을 찾아가고 있었다. 긴장이 풀려서 그런지, 졸음인지 외로움인지 달콤한 감상인지 알 수 없는 감정이 몰려왔다.

오랫동안 시간이 날 때마다 여러 나라를 여행했다. 여권에 숱한 출입국 스탬프가 찍혀 있지만 시칠리아의 스탬프는 어디 다른 여권에 찍어야 할 것 같았다. 모르겠다. 만약 이곳이 내가 일상을 살아내야 할 곳이라면 이렇게 매혹될 수 있을까? 사랑하는 사람과 일상을 함께하기 어렵고, 일상을 함께하는 사람을 사랑하기 어렵다는데, 여행도 그

 Fuori dal Mondo (이 세상 바깥에)/Ludovico Einaudi

런 것일 테지. '파리가 아름다운 건 우리가 그곳에서 사나흘만 머물기 때문'이라는 말에는 동의하지 않지만, 시칠리아가 아름다운 건 이 모험이 정해진 시간만 계속되기 때문일 것이다.

02
노르망디

어디에 있어도, 마냥 행복한

여섯 번째
체크인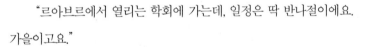

"르아브르에서 열리는 학회에 가는데, 일정은 딱 반나절이에요. 가을이고요."

10년 가까이 알고 지내던 세 부부는 1년에 두어 번 모여서 밥을 먹는 사이였다. 프랑스에서 공부한 B교수가 르아브르 학회 이야기를 꺼내자 모두 프랑스에 가야 할 이유를 만들기 시작했다. 물론 나도 노르망디에서 꼭 가보고 싶은 곳이 있었다.

봄날에 '가을의 노르망디 여행'이 결정되었고, 준비하면서 행복했다. 1년에 한 번이라도 여행의 계획이 들어 있으면 그래서 좋다. 준비하는 동안 설레고, 여행하는 동안 즐겁고, 돌아와서는 그 추억으로 풍성해진다. 노르망디 여행은 역할을 나누고 말 것도 없었다. B교수가 가이드 겸 통역을 담당할 예정이었고, 우리는 비행기 티켓을 끊고 느긋하게 공부하면서 기다리면 됐다. 르아브르에서 시작하고 파리에서 끝나는 노르망디-파리 여행, 나머지는 마음 가는 대로 정하기로 했다.

그래! 가을에 우리, 노르망디에 가자!

파리, 생라자르 역

르아브르에서 여행을 시작하기로 했고, 차도 그곳에서 렌트하기로 했기 때문에 우리는 생라자르 역에서 르아브르행 기차를 탔다. 파리는 네 번째 방문, 하지만 생라자르 역은 처음이었다. 외부에서 보는 생라자르 역도 아름다웠지만, 기차역의 내부는 화가 클로드 모네의 추억으로 가득해서 좋았다. 모네는 생라자르 역을 12점이나 그렸다. 그의 그림 속 생라자르 역과 지금의 역 내부는 크게 다르지 않다. 플랫폼에 서 있으면 증기기관차가 맹렬하게 연기를 내뿜으며 도착할 것만 같았다.

모네가 어린 시절을 보낸 르아브르를 비롯해서 대성당 연작을 그렸던 루앙과 에트르타까지, 그가 사랑했던 노르망디의 장소들은 모두 생라자르 역에서 기차를 타고 갈 수 있다. 모네의 정원이 있는 지베르니로 가는 기차 역시 이곳에서 탈 수 있다. 1847년에 르아브르까지 연결되는 기차 노선이 생기면서 생라자르 역 주변은 점차 개발이 이루어

파리, 생라자르 역

졌고, 모네가 그림을 그리던 1870년대는 쿵쿵 뛰는 심장처럼 활기가 넘쳤다고 한다.

순간을 포착하는 인상파 화가들에게 기차가 쉼 없이 들어오고 증기가 역을 가득 채우는 기차역은 매력적인 장소였을 것이다. 모네는 생라자르 역의 내부를 다양하게 그리고 싶어 역장을 찾아가 협조를 구했다고 한다. 다행히 역장은 적극적으로 협조해 주었고, 증기를 뿜는 장면을 일부러 연출해 주기도 했다고 한다.

19세기 사람들에게 기차역은 근대의 상징과도 같았다. 어떤 학자들은 이 시기의 기차역을 '새로운 성당'으로 표현하기도 했다. 1870년대에는 많은 예술가가 생라자르 역 주변으로 거처를 옮겼다. 에두아르 마네와 귀스타브 카유보트 역시 이 지역으로 이사했고, 그들도 생라자르 역을 그렸다. 증기로 가득한 기차역은 인상파 화가들에게 일출과 맞먹는 영감을 주었을 것이다.

어느 기차역에서나 플랫폼에 서면 여행자의 마음은 설레겠지만, 생라자르 역에선 여행의 두근거림이 더 강렬하게 느껴졌다. 이 역의 오래전 모습을 알기 때문일까? 모네가 그려놓은 생라자르 역엔 하얀 증기와 검은 기관차가 있고, 1877년이 담겨 있고, 몇 초 뒤에 사라질 순간을 포착한 치열한 예술혼이 담겨 있다. 모네의 그림만이 아니다. 에밀 졸라의 소설에도 역의 뒤편에서 찍은 앙리 카르티에 브레송의 사진에도 생라자르 역은 생생하게 담겨 있다.

르아브르엔 왜?

생라자르 역에서 르아브르 역까지는 두 시간 남짓 걸렸다. 르아
브르의 저녁엔 유독 푸른빛이 많이 섞여 있다. 호텔은 역 바로 앞에 있
었다. 체크인을 하고 우리는 항구 쪽의 쇼핑몰에서 늦은 저녁을 먹었
다. 시간이 좀 늦어서 그런지 인적도 드물었고 쇼핑몰 자체도 썰렁했
다. 하지만 텅 빈 항구의 저녁엔 느와르 영화 같은 매력이 있었다. 과연
이 시간에 문을 연 식당이 있을까? 다행히 해산물 식당이 영업 중이었
고, 식당 안엔 사람들이 제법 많았다.

노르망디 여행을 간다고, 르아브르에서 여행을 시작한다고 했더
니 의아한 표정을 짓는 지인들이 있었다. 밥 먹다 말고 그 생각이 나서
혼자 웃었다. 내 주변엔 프랑스에서 공부하거나 프랑스어를 전공한 사
람이 여럿 있는데, 그들은 한결같이 '르아브르엔 왜?' 하는 표정이었
다. 그만큼 르아브르는 프랑스적인 아름다움, 프랑스적인 로맨틱함과
는 거리가 멀었다.

르아브르는 2차 대전 때 독일군에 점령되었고, 연합군의 공습으
로 파괴되었던 도시다. 르아브르의 시민들이 폐허 위에 망연자실한 표
정으로 서 있는 사진을 나도 본 적이 있었다. 나는 '고생을 하고도 황폐
해지지 않은 사람'을 좋아한다. 도시도 마찬가지다. 파괴되었으나 다
시 일어선 도시, 그러면서도 황폐해지지 않은 도시를 사랑한다. 그래

서 폐허를 딛고 일어선 르아브르에 남다른 애정을 느꼈다.

르아브르는 과거를 애써 잊으려 하는 것도 아니고 과거에 매몰된 것 같지도 않았다. 다시 일어선 존재만이 품을 수 있는 묵직한 드라마가 있는 도시였다. Le Havre는 라틴어로 '항구'라는 뜻이다. '항구'에는 원래 '안전기지,' '피난처'라는 의미가 숨어 있다. 르아브르가 다른 수식어 없이 오직 '항구'라는 이름만 가진 건 이곳이 진정한 피난처라는 의미가 아닐까? 순전히 주관적인 이 느낌은 상당 부분 '아키 카우리스마키' 감독의 영화 〈르아브르〉 때문에 생긴 것이기도 하다.

여행을 떠나기 전에 영화 〈르아브르〉를 보았다. 지루한 영화라는 평이 대부분이라 잠시 망설이긴 했지만 아키 카우리스마키 감독의 영화니 분명 독특한 매력이 있을 거라고 믿었다. 만약 이 영화를 보지 않았다면 정말 슬플 뻔했다.

영화 〈르아브르〉의 주인공 마르셀은 젊은 날엔 예술을 사랑하는 보헤미안이었지만, 이제는 르아브르에 정착해서 구두 닦는 사람이 되었다. 그에게는 사랑하는 아내 아를레티가 있고, 애완견 라이카도 있다. 고만고만한 가난을 껴안고 사는 이웃들은 서로의 뻔한 사정을 헤아리며 조화롭게 살아간다. 마르셀을 따라가는 영화의 첫 부분엔 희망적인 것이 하나도 없다. 그런데 왠지 절망적이지도 않다.

흥미롭게도 영화에는 '모네'라는 이름을 가진 경감이 등장한다.

경찰이라기보다는 마치 시인 같은 인물이다. 이름 때문에 눈길을 끌었던 모네 경감이지만, 그의 캐릭터 자체가 이 영화를 관통하는 메시지 같았다. 영화를 보다가 울컥했던 건 난민을 대하는 모네 경감과 르아브르 사람들의 태도 때문이었다. 부두에 적재된 트레일러에서 아프리카 난민들이 적발되었는데, 혼란한 틈을 타서 한 소년이 자취를 감춰버렸다. 모네 경감은 소년을 찾으러 여러 번 등장한다. 하지만 그때마다 그는 소년을 놓친다. 발견하지 못하는 것이 아니라 애써 발견하지 않는 것이다.

마르셀에겐 갑자기 많은 일이 생겼다. 아내는 병원에 입원했고, 도망친 난민 소년 이드리스는 그의 집에 잠들어 있다. 그런데 마르셀이 이드리스와 함께 있는 걸 본 동네 사람들의 반응이 심상찮다. 빵집 여인은 평소보다 많은 바게트를 담은 봉투를 내밀었고, 슈퍼 아저씨는 유통기한이 다 된 상품이 많다며 음식 재료들을 이것저것 담아준다. 물론 이드리스를 신고한 이웃도 있긴 했다. 하지만 동네 사람들은 한마음으로 소년을 도왔다. 이미 여러 번 이런 일을 해본 것처럼 손발이 척척 맞았다.

기적은 있을까? 없을까? 이드리스가 엄마가 있는 런던으로 떠날 수 있도록 모두 힘을 합치는 동안 '기적'이라고 불러도 좋을 일들이 일어난다. 여비를 마련하기 위해 준비한 콘서트는 별거 중인 부부를 화해시켰다. 그 밖의 기적도 여기 다 쓰고 싶은 마음이 굴뚝같지만, 스포

르아브르 항구

일러 금지!

우리의 일상이 기적의 연속이라는 것, 다정한 마음이 기적을 만
든다는 걸 영화 〈르아브르〉가 말해주었다. 아무튼 나에겐 참 좋은 영
화였다. 그런데 이 영화를 꼭 보라고 강력하게 권하지는 못하겠다. 내
가 좋게 보았던 영화를 권하면 나를 아는 사람 대부분은 이렇게 말한
다. 음, 또 지루한 영화겠군!

르아브르, 소소한 파티

B교수는 일정을 소화하러 떠나고 우리는 르아브르 시내를 마음
내키는 대로 다녀보기로 했다. 항구 쪽엔 앙드레 말로 미술관이 있었
고, 모네가 〈인상, 해돋이〉를 그린 곳이라는 안내판이 있었고, 그 유명
한 성 조셉 성당이 있었다. 앙드레 말로 미술관은 그날 문을 열지 않았
다. 휴관일이었는지 아니면 공사 중이었는지는 알 수 없었지만 아쉬

 영화 〈르아브르〉/Aki Kaurismäki 감독, 2011년

 In Love in Normandy/Michel Legrand

운 마음으로 돌아섰다. 이 미술관에 소장된 모네와 라울 뒤피의 작품을 보고 싶었는데, 게다가 미술관 로비의 유리창 너머로 보이는 바다도 그렇게 멋지다는데, 아쉽고 아쉬웠다. 보고 싶었던 걸 못 본 대신 우리는 르아브르의 이름 모를 골목을 천천히 달리고, 종려나무가 늘어선 길도 달리고, 밤의 시청사 앞을 달리기도 했다. 르아브르는 색채를 지운 느와르 영화처럼 내 기억에 저장되었다.

학회에서 돌아온 B교수가 뜻밖의 소식을 전해주었다. 학회에 함께 참석한 교수가 우리를 파티에 초대했다는 것이었다. 물론 우리만을 초대하는 파티는 아니었다. 이미 파티를 열기로 계획되어 있었는데 우리도 오라는 뜻이었다. 말은 '파티'지만 그냥 가벼운 음식을 나눠 먹으며 소소한 대화를 나누는 모임이니 부담 갖지 않아도 된다고 했다. 오! 르아브르 시민의 삶을 들여다볼 기회가 생기다니. 그것 봐, 하나를 놓치면 또 다른 무언가가 다가온다니까!

앙드레 말로 미술관에서 5분쯤 걸리는 어느 아파트에 도착했다. 르아브르에서 흔히 볼 수 있는 네모난 저층 아파트가 여러 동 늘어선 곳이었다. 우리를 초대한 집주인과 인사를 나누었고, 선물로 준비한 와인을 건넸다. 이미 여러 사람이 와 있었기 때문에 이 집의 평소 분위기가 어떨지는 짐작하기 어려웠지만 소박하고 정다운 공간이었다. 그 집에서 가장 인상적인 건 창문이었다. 작은 테라스가 있고, 그 테라스로 나갈 수 있도록 활짝 열리는 두 개의 프렌치 도어. 다른 건 몰라도 맑은 날 저 창문으로 쏟아져 들어오는 햇살은 참 눈부시겠다는 생각이 들었다. 겉에서 보면 성냥갑 같은 아파트지만 프렌치 도어가 있어서 색다른 분위기를 만들고 있었다.

절반은 소파와 작은 탁자 앞 의자에 앉고, 절반은 서서 와인잔을 부딪히며 이런저런 대화를 나눴다. 소소한 웃음이 작은 아파트를 물들였다. 무엇이 준비되었는지는 중요하지 않았다. 무엇을 즐기는가가 중요했다. 알아들을 수 없는 언어가 공간을 떠다니던 파티. 한 걸음 뒤로 물러서서 이 장면을 바라보니 파티가 더 근사하게 느껴졌다. 아무 말 하지 않아도 아무도 신경 쓰지 않는 것도 좋았다. 낯선 도시, 낯선 언어, 낯선 사람들, 한 걸음 뒤로 물러서서 바라보았던 낯선 파티의 시간이 '나의 르아브르'에 추가되었다.

에트르타, 추락하기 좋은 곳

르아브르에서 북쪽으로 40분 정도 달리면 코끼리 절벽으로 유명한 에트르타가 나온다. 에트르타는 모두가 바다를 바라보며 살아가는 것 같다. 길도 모두 바다를 향해 뻗어 있다. 딱 하나뿐인 하얀 트롤리도 여행자에게 행선지를 묻지 않고 곧장 바다 쪽으로 달린다.

바다로 쭉 뻗은 큰길은 모파상 거리다. 기 드 모파상 거리 15번지에는 모리스 르블랑의 집이 있다. 1914년부터 20년 넘는 세월 동안 모리스 르블랑은 에트르타의 집을 여름 별장이자 집필실로 삼았다. 당연히 그의 작품 《기암성》에도 에트르타가 등장한다. 에트르타에 모파상 거리가 있는 건 모파상의 외가가 이 근방에 있기 때문이고, 그가 자주 이곳에서 여름을 보냈기 때문이다. 모파상의 소설 《여자의 일생》 배경이 에트르타에서 멀지 않은 마을인 것도 이런 까닭이다.

모파상 거리가 끝나고 바다가 가까워지는 부분에 주차장과 카페와 호텔이 몰려 있다. 그 너머로 펼쳐진 에트르타 해변은 모네와 부댕과 쿠르베의 그림에서 본 그대로다. 몽돌이 깔린 해변, 그리고 해변의 양쪽 끝에 있는 코끼리 절벽은 모파상의 소설에 등장하는 이웃 마을 보코트까지 이어진다. 욕망의 끝까지 내달리는 소설 속 인물들을 추락시키기에 이보다 더 좋은 배경이 있을까?

로마 시대에 번성했으나 잊혀진 마을이 되어가던 에트르타는 인상파 화가들과 모파상과 모리스 르블랑 덕분에 다시 사랑받는 곳이 되었다. 에트르타 해변 양쪽에 있는 코끼리 절벽엔 이름이 있다. 흔히 아빠 코끼리 절벽이라고 부르는 왼쪽 절벽의 이름은 팔레스 다발이다. 해변에서 보면 다발 절벽으로 오르는 길이 제법 거칠어 보이지만 생각만큼 어렵지는 않았다. 오르기 딱 적당할 정도로, 자연을 최대한 살려 길을 만들어놓았다. 과한 친절이 없어서 좋았다.

절벽에 올라 탁 트인 대서양을 바라보았다. 이 근사한 풍경을 모

에트르타, 팔레스 다발

두 다 눈에 담고 싶어 한 바퀴 돌아보다가 뜻밖의 장소를 발견했다. 등 뒤에 골프장이 있었다. 대서양을 바라보며 티샷을 할 수 있는 골프장이라니! 남편은 한 번 간 여행지를 또 가겠다고 할 사람이 아닌데, 다음에 다시 에트르타에 와서 꼭 대서양을 향해 샷을 날려보고 싶다고 했다. 오른쪽에 있는 팔레스 다몽 절벽 위에는 첨탑이 인상적인 예배당이 있다. 바람이 거세게 부는 절벽 위에 세워진 예배당은 아래로 갈수록 치맛자락처럼 넓어지며 굳건하게 버티고 있다. 그렇지, 바람이 세게 불땐 잘 버티는 게 정말 중요하지.

모네, 다섯 개의 캔버스

모네는 에트르타에서 한꺼번에 다섯 점의 그림을 그렸다고 한다. 아침 일찍 마을 아이들이 모네의 캔버스를 하나씩 들고 해변으로 가면 모네가 뒤를 따라갔다는데, 그 풍경을 상상해보는 것만으로도 흐뭇하다. 순간을 그리는 인상파 화가다운 작업방식이겠지만, 이토록 드라마틱한 절벽과 바다를 품은 에트르타에서는 왠지 딱 한 점의 그림만 그릴 수는 없었을 것 같다. 다섯 개의 캔버스를 들고 해변으로 가는 모네의 마음을 충분히 이해할 수 있을 것 같다.

에트르타 해변에는 화가들이 그림을 그리던 장소를 표시한 안내판이 있다. 원본 그림과는 비교도 되지 않는 안내판일 뿐인데도 모네와 쿠르베가 그린 에트르타 해변을 보며 감탄하게 된다. 똑같은 풍경을 바라보는데 누군가는 이런 걸작을 남긴다. 그러면 보통의 여행자들은 예술가들을 통해 풍경 너머의 것들을 누린다. 시가 시인의 것이 아니라 시를 읽는 사람의 것이듯 풍경도 그 풍경을 온전히 누리는 사람의 것이다.

모네가 사랑한 해변에 앉아서 바다를 하염없이 바라보았다. 이 바다는 아무리 봐도 질릴 것 같지 않았다. 적당히 넓고, 적당히 좁고, 양쪽엔 근위병 같은 코끼리 절벽이 있으니 아늑한 느낌도 든다. 햇살이 딱 좋았던 그날의 에트르타 해변은 바람마저 잔잔했다. 모든 게 적당했다.

작은 배가 한 척 들어오더니 한 어부가 박스를 들고 내렸다. 박스 안에는 양쪽 집게발이 묶인 랍스터 몇 마리가 들어 있었다. 웃고 있는 어부의 얼굴에도, 랍스터에도 바다가 한가득 담겨 있었다. 나의 감탄을 눈치챘는지 어부는 기꺼이 포즈를 취해주었다. 하얀 절벽, 생생한 바다, 미소를 띤 어부의 붉은 얼굴, 그리고 바다 냄새 가득한 랍스터. 에트르타에 원래부터 있었던 소중한 존재들을 향해 셔터를 눌렀다.

모네의 그림이 있고, 대서양에 발을 담그고 있는 거대한 코끼리 절벽이 있고, 어부들이 방금 잡은 물고기를 들고 돌아오는 해변. 저녁이면 대서양의 일몰이 황홀한 곳. 황혼 속에서 몇몇 여행자가 갑자기

물수제비를 뜨기 시작하던 곳. 화가와 작가들이 왜 15년씩, 20년씩 에 트르타에서 휴가를 보냈는지 알 것 같았다.

 Ravel - Une barque sur l'océan, Miroirs/조성진 (피아노)

일곱 번째
체크인

옹플뢰르, 칼바도스, 에릭 사티

'나도 노르망디에 가야 할 이유가 있다'고 했던 건 옹플뢰르 때문
이었다. 옹플뢰르는 작곡가 에릭 사티의 고향이다. 그는 도대체 어떤
삶의 배경을 가졌길래 이렇게 독특한 음악을 세상에 남겼을까, 그가
어린 시절을 보낸 옹플뢰르가 궁금했었다. 르아브르에서 옹플뢰르는
차로 30분 정도 걸린다. 르아브르 경계를 벗어나서 노르망디교를 건너
면 금방이다. 두 도시를 잇는 이 다리가 없을 땐 한 시간을 돌아서 가야
했다고 한다. 눈앞에 늠름하게 서 있는 노르망디교는 다리의 안전을 공
학적으로 계산하는 데만 17년이 걸렸다고 한다. 건너기 전에 보았을 땐

놀라울 정도로 경사가 높아 보였는데 막상 다리를 넘을 땐 생각보다 무난했다.

노르망디교를 넘어서니 금방 옹플뢰르였다. 옹플뢰르는 노르망디 칼바도스주의 주도다. 칼바도스? 어디선가 들어본 것 같지 않은가? 그렇다. 레마르크의 소설《개선문》에 칼바도스가 등장한다. 독일의 외과 의사였던 라비크는 나치를 피해 파리로 왔고, 불법체류자로 살아간다. 그가 불안하고 고독한 하루를 마친 뒤에 마시던 독한 술이 바로 칼바도스였다. 칼바도스는 사과로 만드는 술이고, 40도가 넘는 독주다. 사과 생산지로 유명한 칼바도스주의 지명이 그대로 이 독한 술의 이름이 되었다. 에릭 사티와 라비크와 칼바도스를 연결하니 뭔가 개성 넘치는 자들의 비밀 서클이 만들어지는 것 같다.

옹플뢰르는 모험가의 도시이자 몽상가들의 도시였다. 유럽에 대항해 시대가 열렸을 때 옹플뢰르엔 새로운 항로를 개척하기 위해 모여든 사람들이 많았다고 한다. 당연히 이 도시에는 일상의 잔잔함보다는 어딘가 먼 곳을 꿈꾸는 모험과 몽상의 함량이 훨씬 높았을 것이다. 먼 곳을 바라보기 좋은 바다가 있고, 바이킹의 후예가 만들었을 성당과 집들이 모여 있는 도시. 옹플뢰르는 에릭 사티의 독특하고 몽환적인 음악과 정말 잘 어울리는 곳이다.

옹플뢰르 초입의 호텔에 짐을 내려놓고, 르아브르의 파티에서 만난 사람들이 추천해 준 해산물 식당에서 저녁을 먹었다. 현지인들이 추천하는 식당은 언제나 옳다. 저녁을 먹고 나오니 르아브르와는 완연히 다른 저녁 풍경이 펼쳐졌다. 골목엔 시끌벅적한 재즈 선율이 가득하고, 술잔을 부딪는 여행자들이 많았다. 조명을 받아 빛나는 간판들을 하나씩 음미하며 저녁 산책을 했다. 골목 모퉁이의 상점에 애꾸눈 해적 간판이 보였다. 맞다. 옹플뢰르는 해적들이 자주 출몰하는 곳이었다고 했다. 바다 건너엔 영국이 있고, 먼 곳으로 떠나는 몽상가들이 모여드는 곳이었으니 해적들이 입맛을 다실 만한 곳이긴 하다.

옹플뢰르 항구는 캐나다행 이민선이 출발하던 곳이었다고 한다. 그래서인지 옹플뢰르를 찾은 여행자 중에는 분명 북미 대륙에서 온 것 같은 사람들이 많았다. 그냥 여행자의 직감일 뿐이지만 아무튼 그랬다.

요트 정박장 주변을 산책하는 동안 와인의 취기가 서서히 가라앉았다. 항구 주변 카페와 바에서 음악과 수다가 한창이어서, 옹플뢰르의 밤은 쉽게 어두워지지도 않았고 쉽게 조용해지지도 않았다. 호텔로 돌아와서도 한참 동안 잠들지 못했다. 아무래도 좋았다. 이른 새벽에 일어나도 좋고 늦잠을 자도 좋은 여행이니까. 마음 가는 대로 걷고 느끼는 느슨한 여행이었으니까.

열두 벌의 벨벳 수트로 남은 사나이

옹플뢰르의 초입에서 오른쪽으로 보이는 첫 골목은 오뜨Haute 거리다. 이 길을 조금 걸어가면 에릭 사티의 집이 나온다. 옹플뢰르의 집들은 외벽에 나무가 덧대어진 것이 특징이다. 노르망디의 전형적인 주택 양식이라는데, 외벽의 나무 장식 덕분에 옹플뢰르의 골목엔 표정이 있다. 굵은 주름 같기도 하고, 비밀 같기도 한 표정. 에릭 사티의 집 외벽엔 붉은 나무가 덧대어져 있다.

사티의 집 입구엔 종이로 만든 사티의 전신상이 서 있다. 피카소가 그린 에릭 사티의 초상도 전시되어 있다. 에릭 사티와 피카소는 몽마르트르의 이웃이었고, 친구이기도 했다. 에릭 사티는 피카소, 장 콕토와 함께 무용극을 만든 경험이 있다. 배우 이완 맥그리거와 니콜 키드먼이 출연한 영화 〈물랑 루즈〉에 등장하는 바로 그 발레극 〈파라드〉다. 장 콕토가 주도한 이 무용극에서 에릭 사티는 총소리, 타자기 소리, 병따개 소리 같은 일상적인 소음을 음악에 도입했다. 너무나 혁신적인 음악에 놀란 관객이 사티를 고소한 일은 유명한 에피소드다. 20세기 초반 파리에선 뭐든 새롭고 놀라운 것이 있으면 '피카소적'이라고 표현했다는데, 에릭 사티도 만만찮게 새롭고 놀라웠다.

에릭 사티의 집 1층엔 기념품을 판매하는 코너가 있는데, 그 뒷면 벽엔 검은 우산을 쓴 에릭 사티가 창밖을 스윽 지나가는 모습이 그려져 있다. 평생 아웃사이더로 살았던 에릭 사티를 정말 잘 표현해 놓았다. 이뿐만이 아니다. 에릭 사티의 집은 그 어떤 예술가의 생가나 기념관도 흉내 낼 수 없을 정도로 한 예술가의 세계를 잘 보여준다. 그가 입었던 옷이나 살았던 공간을 단순히 고증하고 재현하는 방식이 아니라, 하나의 새로운 공연을 준비하듯 상상력을 발휘해서 재구성해 놓았다. 5점 만점에 5점을 주고 싶은 곳이다.

1.5층으로 올라가면 옷장이 있는 사티의 방이 나온다. 이 혼란스럽고 멋진 방을 어떻게 표현하면 좋을까? 이 방은 사티가 마지막으로 살았던 파리 근교 아르장퇴유의 방을 상상력을 통해 재구성한 곳이다. 사티는 그 마지막 거처를 '우리의 초라한 귀부인'이라고 불렀다. 방의 벽과 바닥엔 모눈종이가, 방의 중앙에는 작은 책상과 의자와 스탠드가 있다. 그리고 바닥엔 여러 개의 의자가 두서없이 쓰러져 있다. 이 방의 하이라이트는 벽에 붙어 있는 옷장이다. 그 옷장에선 여러 벌의 수트가 레일을 따라 자동으로 나왔다가 다시 들어간다. 그렇지. 사티는 '벨벳 젠틀맨'이라고 불렸었지. '12벌의 벨벳 수트로 남은 사나이'였지. 언제나 똑같은 옷차림으로 몽마르트르 언덕과 파리 시내를 가로질러 다녔지.

사티의 절친이었던 시인 콩타맹 드 라 투르는 에릭 사티가 삶에 있어서나 음악에 있어서나 자기 스타일이 확고했던 사람이라고 말했다. 밥은 굶어도 술은 마셨고, 흰색 음식만 먹었으며, 어느 출판사에서 비싼 고료를 제시하자 거절했고, 당황한 출판사에서 가격을 내리자 그제야 악보 출판 계약에 동의했다고 증언했다. 그렇게 약간의 수입이 생겼을 때 그는 양복점에 열두 벌의 벨벳 수트를 주문했고, 죽을 때까지 그 옷을 입었다.

옷장에서 몇 벌의 양복이 끊임없이 나왔다가 들어가는 방. 나무로 만든 옷장도 아니고, 벨벳으로 만든 수트도 아니지만, 사티의 삶을

에릭 사티가 피아니스트로 일했던 몽마르트 캬바레 '검은 고양이'의 포스터

잘 그려낸 방이다. 아마도 에릭 사티의 삶을 몰랐다면 나도 이 난해한 방 앞에서 당황했을지도 모른다.

에릭 사티는 무소유의 대가, 미니멀리즘을 실천한 작곡가다. 몽마르트르의 아이들은 그를 '무슈 르 포브르Monsieur le Pauvre(가난뱅이 신사)'라고 불렀다. 열두 벌의 똑같은 벨벳 수트를 입는 과정도 유별났다. 그 옷을 돌려가며 입은 것이 아니라, 한 벌이 다 헤질 때까지 입은 다음 또 하나의 수트를 꺼내 입는 방식이었다고 한다.

사티의 집에는 그가 사랑한 유일한 여인 수잔 발라동이 그려준 사티의 초상화도 전시되어 있고, 사티가 수잔 발라동을 만화 속 여주인공처럼 그려놓은 초상화도 있다.

에릭 사티의 집 마지막 전시실은 새하얀 방이다. 마치 리버풀에 있는 비틀즈 스토리의 화이트 룸 같다. 화이트 룸은 존 레논의 〈Imagine〉 뮤직비디오에서 영감을 받았다는 전시실인데, 사티의 집 마지막 방이 딱 그 화이트 룸 같았다.

바닥과 벽이 온통 흰색인 이 방의 중앙에는 새하얀 그랜드 피아

 Erik Satie, 'Gymnopedies & Gnossiennes'/Luke Faulkner + 'Je te veux'/Pascal Roge (pf)

노가 있다. 피아노는 연주하는 사람이 없어도 에릭 사티의 음악을 자동으로 연주한다. '짐노페디'가 연주될 때도 있고, '그노시엔느' 중 한 곡이 흐를 때도 있고, '그대를 원해요'가 흐를 때도 있다. 어쩌면 840번이나 반복해야 하는 '벡사시옹'이 흐를 때도 있을 것이다. 검은 벨벳 수트를 입고, 검은 모자를 쓰고, 검은 우산을 늘 들고 다녔던 에릭 사티였는데 왜 마지막 전시실은 하얀색으로 뒤덮여 있을까? 에릭 사티는 검은색만큼이나 흰색도 좋아했다. 흰색 음식만 먹은 것으로도 유명하다. 계란, 설탕, 흰 빵, 소금, 코코넛, 화이트 와인으로 요리한 닭고기, 하얀 과일, 쌀, 순무, 하얀 소시지와 치즈, 흰살생선, 이런 것만 먹었다고 알려져 있다. 흰색의 순수와 간결함이 그의 음악에는 배어 있다. 그는 어쩌면 최초의 스타일리쉬 미니멀리스트였을지도 모르겠다.

옹플뢰르에서 가장 유명한 곳은 작곡가 에릭 사티의 집도 아니고, 인상과 화가들의 스승으로 불리는 외젠 부댕의 집도 아니다. 옹플뢰르에서 가장 매력적인 장소는 단연 생트 카트린느 성당과 종탑이다. 백 년 전쟁이 끝난 것을 기념해서 지었다는 생트 카트린느 성당은 나무로 지은 성당이다. 노르웨이에 있어야 할 것 같은 이국적인 성당이다. 나무로 섬세하게 장식한 외벽도 멋지지만 내부가 더 인상적이다. 생트 카트린느 성당의 천장은 배 두 개를 뒤집어 올려놓은 것 같은 모양이다. 이 성당 건축에는 뱃사람이 많이 참여했다고 하는데, 배 모양

샹트 카트린느 성당 종탑

의 독특한 천장은 그런 영향일 것이다. 스웨덴의 스톡홀름 시청사 회의실에도 배 모양의 천장이 있는 걸 보면 확실히 바이킹의 후예들이 이 성당의 건축에 영향을 미쳤으리라는 생각이 든다. 돌로 지은 성당보다 밝고 다정한 느낌이 드는 곳, 에릭 사티가 어릴 때 이 성당에서 오르간을 배웠다는 사실을 알고 나니 더 친근하게 느껴졌다. 생트 카트린느 성당 바로 앞에는 별도로 지어진 종탑이 있다. 세월의 흐름을 고스란히 보여주는 종탑도 역시 나무로 지어졌다. 허물어질 듯 낡아 보이지만, 이 마을의 온갖 시간을 다 지켜본 증인다운 위엄이 배어 있다.

진짜 벼룩시장

일요일 이른 아침, 우리는 옹플뢰르 골목을 걸었다. 어젯밤의 불빛과 소음은 다 잊었다는 듯 골목은 고요했다. 가끔 골목의 끝에서 스몰라이트를 켠 차들이 나타났다. 골목이 워낙 고풍스러워 그런지 길의 끝에서 다가오는 차가 마치 다른 세상에서 날아온 우주선처럼 느껴졌다.

여인숙도 있고, 작은 공원도 있고, 조금 높은 언덕도 있고, 손으로 밀면 쓰러질 것 같은 낡은 집도 있었다. 유머러스한 해적 간판도 군데군데 보였다. 옹플뢰르 사람들은 확실히 유머 감각이 있는 것 같았다. 유머 감각은, 숱한 시련을 겪은 사람이 그 감정을 여과한 뒤에 비로소 갖게 되는 거라고 나는 생각한다. 해적과 신대륙과 전쟁을 겪은 옹플뢰르 사람들에게선 그런 유머와 위트가 느껴졌다. 안정보다 모험, 지루함 말고 놀라움, 하품보다 유머! 옹플뢰르에선 왠지 인생의 우선순위도 좀 달라질 것만 같다.

이른 시간에 눈이 떠져서 다행이다. 조용히, 고양이처럼 살금살금, 공기처럼 떠다니게 만들고 싶었다는 에릭 사티의 음악처럼 옹플뢰르의 골목을 가볍게 걸었다. 이 아침의 산책이 없었다면 옹플뢰르는 조금 다르게 기억되었을 것이다.

옹플뢰르의 아침 식사에서는 에릭 사티와 부댕과 모네의 이야기가 오갔다. 식사를 마쳤을 때 커피를 따라주던 호텔 직원이 '오늘 성당 앞에서 벼룩시장이 열린다'고 알려주었다. 우리 일행 중엔 앤틱 마니아인 디자이너K가 있었다. 늘 조용하던 K가 의미심장한 미소를 지었다.

옹플뢰르의 벼룩시장은 규모가 제법 컸고, 무엇보다 진짜 벼룩시장다웠다. 성당과 종탑 주변의 광장을 다 채웠고 매대를 장식한 상품들도 다채로웠다. 프랑스엔 유명한 도자기 산지 리모주가 있는데, 바로 그 리모주의 도자기 식기 세트부터 오래된 나침반과 돋보기, 섬세하게 제작된 반지 케이스까지 종류가 다양했다.

벼룩시장에서 두 시간쯤 보내고 나니 우리는 서로를 좀 더 잘 알 수 있었다. 쇼핑은, 특히 벼룩시장처럼 다채로운 것들이 가득한 쇼핑은 의외로 그 사람을 잘 보여준다. 심리학자가 사람들의 내면을 파악

하는 그런 의미가 결코 아니다. 아, 저 사람은 이런 안목이 있구나, 저 사람의 관심사가 참 근사하다, 나도 배우고 싶다, 그런 의미로서의 발견이었다.

K는 100년이 넘은 낡은 우산 두 개를 5유로로 샀다. 천은 얼룩진 채 삭아버리기 직전이었고 우산살도 상태가 좋지 않았는데, K가 주목한 것은 뜻밖에도 우산의 손잡이였다. 우산의 손잡이를 보여주며 "정말 아름답지 않아요?"라고 했다. 우산의 손잡이는 대리석 느낌이 나는 신비로운 돌로 만들어져 있었는데, 손가락을 올려놓기 편하게 디자인되어 있으면서도 아름다웠다. K의 놀라운 안목에 감탄했다.

나는 오래된 나침반과 낡은 카메라를 샀다. 카메라가 작동될 것 같지는 않았는데 왠지 사고 싶었다. 그 안에 누군가 찍고서 잊어버린 멋진 필름이 들어 있으면 좋겠다고 생각하면서. 영화 〈더 스토리〉에 보면, 파리의 앤틱샵에서 산 가방 안에 누군가가 잊어버린 훌륭한 원고가 있지 않았던가! 물론 그런 신비로운 일은 일어나지 않았다. 카메라는 작동되지는 않지만, 옹플뢰르라는 이름을 달고 우리 집에서 나와 함께 잘 살고 있다.

여덟 번째
체크인

도빌, 우울증에 대한 처방전

등 뒤에 두고 온 일상을 깡그리 잊고 싶다면, 영화 같은 어느 하루를 보내고 싶다면 도빌행 기차를 타는 것이 좋다. 영화 〈남과 여〉를 보았다면, 아누크 에메의 아름다움에 한 번쯤 설레본 적 있다면 더욱 그렇다. 파리에서 가장 가까운 해변 도빌은 생라자르 역에서 기차를 타고 한 시간 반이면 도착할 수 있다. 우리가 출발한 옹플뢰르에선 차로 50분 정도 걸린다. 도빌 역의 정확한 명칭은 '도빌-트루빌' 역이다. 작가 플로베르가 사랑한 또 하나의 휴양도시 트루빌이 바로 옆에 있기 때문이다. 도빌-트루빌 역에서 바다까지 걷기로 했다. 잘 꾸며진 영화

도빌 시청사

세트장 같고 테마파크 같기도 한 이 도시를 느끼려면 그 방법이 가장 좋다. 물론 새하얀 트롤리를 타도 좋지만 바다까지는 그리 멀지도 않다.

도빌은 '파리가 되고 싶은 해변 도시' 같다. 화사한 시청사, 코코 샤넬 2호점이 있던 상점가, 노르망디에선 흔치 않은 명품으로 뒤덮인 거리, 그 사이를 마차가 지나다니고 있다. 부유층이 즐기는 폴로 경기가 열리던 도시답게 광장 바닥에 폴로 경기를 하는 사람들 형상도 새겨져 있다.

꽃으로 뒤덮인 도빌은 '우울증 처방전을 들고 찾아오기 좋은 도시'라는 생각이 든다. 다이애나 왕세자비가 우울증으로 고생할 때 주치의가 그랬다지. 분홍빛 화사한 옷을 입으세요. 햇살 아래를 걸으세요. 19세기 후반에 화려한 휴양지로 거듭났다는 도빌에서는 분홍빛 화사한 블라우스가 어울리고, 햇살 아래 산책도 어울린다. 이대로 한 10분만 더 걸어가면 문득 파리가 나타날 것 같다.

세상에서 가장 호화로운 탈의실, 그리고 잭팟

도빌 해변은 영화 〈남과 여〉의 촬영지로도 유명하다. 해변 입구에는 클로드 를르슈 광장이 있다. 1966년 당시 29살의 무명 감독이었던 클로드 를르슈는 정형화되지 않은 이야기 전개와 독창적인 촬영 기법으로 프랑스 영화에 신선한 기운을 불어넣었다. 〈남과 여〉는 불과

3주 만에 완성되었고, 이 작품으로 클로드 를르슈는 칸 영화제 황금 종
려상을 수상했다.

영화 〈남과 여〉에서 본 것처럼 도빌 해변의 백사장은 굉장히 넓
다. 1923년에 만들어진 나무 산책로 프롬나드 데 플랑슈^{Promenade des}
Planches가 해변을 따라 길게 이어지고, 모래사장에는 날개를 접은 파라
솔이 깊숙이 발을 묻고 있다.

산책로를 따라 걷다가 흥미로운 것을 발견했다. 발견했다기보다
는 누구라도 볼 수밖에 없는 것이다. 허들 경기에 등장할 법한 구조물
이 탈의실 앞에 줄줄이 늘어서 있다. 거기엔 영화의 역사를 화려하게
장식한 배우들의 이름이 새겨져 있다. 잭 니콜슨, 리타 헤이워드, 토니
커티스, 베티 데이비스 같은 과거의 명배우도 있고, 알 파치노와 로빈
윌리엄스의 이름도 보인다. 헐리웃 코닥 극장 앞에 배우들의 손이 새
겨져 있다면 도빌 해변엔 유명한 배우들의 이름을 딴 탈의실이 있는
것이다. 여기 이름이 적힌 배우들은 모두 도빌을 다녀갔을까? 투박한
탈의실이 호화로운 명단으로 뒤덮여 있는 건 흥미로운 발상이다. 미국
영화제와 아시아 영화제가 열리는 도시, 그리고 〈남과 여〉의 추억이
있는 해변에 어울리는 풍경이다.

해변의 나무 산책로를 따라 걷다 보면 도빌의 카지노 건물이 보인
다. 2차 대전 기간에는 거대한 야전병원이었다는 바로 그 카지노다. 욕

스타들의 이름이 새겨진 도빌 해변의 탈의실

망의 궁전처럼 서 있는 저 카지노에서 작가 프랑수아즈 사강이 8백만 프랑 잭팟을 터뜨린 적이 있다. 1958년 당시 20대 초반이었던 사강은 옹플뢰르에 한 달 동안 숙소를 빌렸다는데, 카지노에서 잭팟이 터지자 그 돈으로 자신이 머무르던 옹플뢰르의 숙소를 아예 사버렸단다.

사강은 독특하고, 발랄하고, 질투할 수 없을 만큼 매력적이다. '나는 나를 파괴할 권리가 있다'고 외치던 그녀답게 잭팟을 터뜨리고, 그녀답게 삶을 즐기고, 그녀답게 글을 쓰고, 그녀답게 망가지고, 그녀답게 살다가 떠났다. 왠지 사강은 한 번도 늙은 적이 없었던 것 같다. 그게 가장 부럽다.

이래저래 도빌에는 도빌에서만 가능한 이야기, 영화 같고 소설 같은 이야기가 많다. 거기서 거기인 삶 말고 뭔가 다른 시간을 보내보라고, 그러면 영화 같고 소설 같은 일이 일어나고 잭팟이 기다리고 있을지도 모르지 않느냐고 마음을 흔드는 것 같다. 일상적이지 않은 것이 일상인 도시, 도빌 해변에 거센 바람이 부는 건 다 이유가 있다.

▶ 영화 〈남과 여〉, 〈007 카지노 로얄〉, 〈코코 샤넬〉
💿 영화 〈남과 여〉 O.S.T 중
　'Un Homme et Une Femme'/Francis Lai, Pierre Barouh & Nicole Croisille

드디어, 몽생미셸

먼 길이다. 노르망디 안에서도 먼 길이지만 파리에서 오려면 몽파르나스에서 기차를 타고 렌이라는 도시에서 다시 기차를 갈아타거나 버스를 타고 와야 한다. 최근에 직행 노선이 생겼다고는 하지만 그래도 거의 네 시간 가까이 걸리는 노르망디의 끝자락이다. 몽생미셸 가는 길이 쉽지 않은 건 당연하다. 관광지가 아니라 중세의 수도원이니까. 그것도 밀물 때면 섬이 되어버리던, 험한 바위산에 자리 잡은 수도원이니까.

몽생미셸이 얼마나 척박한 바위섬인지는 수도원 안에 아직 남아 있는 도르래를 보면 알 수 있다. 생존에 필요한 물품은 수도원과 암벽 아래를 연결하는 도르래를 통해서만 전달할 수 있었다. 밀물 때면 고립되는 섬이었지만 지금은 파세렐 다리가 생겨서 물때와 상관없이 언제든 드나들 수 있게 되었다. 다행인지 아닌지 모르겠다.

드디어 몽생미셸에 도착했다. 차단기를 통과해서 들어오는 마을이 있다는 것도 흥미로웠다. 몽생미셸 수도원 앞에 있는 마을은 수학여행 버스들이 몰리는 미국의 시골 마을 같은 느낌이다. 우리는 그나마 노르망디풍을 잘 살린 호텔에 묵었다. 하긴 뭐 어떤가? 어차피 여긴 수도원을 만나러 온 길이니까. 여행에선 누리고 싶은 것과 받아들여야 할 것을 잘 선택해야 한다. 일이 꼬이더라도 너그럽게 받아들일 수 있

어야 한다. 여행이니까. 길 위에 있으니까. 일상을 떠난 여유로운 순간
이니까. 아름다운 건 아름다워서 특별하고, 허술한 건 허술해서 또 여
행의 특별한 기억이 되어주니까.

　늦은 오후, 셔틀버스를 타고 몽생미셸로 갔다. 버스에서 내려 한
걸음씩 옮길 때마다 신비로운 바위섬이 성큼성큼 다가왔다. 여행지와
내가 이렇게 시시각각 가까워지는 걸 실감한 때가 또 있었던가? 주변엔
갯벌만 펼쳐져 있을 뿐 아무것도 없고, 바위섬엔 수도원이 높이 솟아 있
으니 풍경과 내가 가까워지는 것이 생생하게 느껴졌다. '왕의 문'을 지
나 몽생미셸 안으로 들어섰다. 왕의 문은 이름과 달리 아주 소박한 문이
다. 문 뒤에는 '큰길 Grand Rue'이 있는데 이 길 역시 이름과는 달리 좁은
골목길이다. 수도원의 기준과 속세의 기준이 같을 수는 없겠지.
　수도원까지 이어지는 언덕길엔 아름다운 주물 간판이 가득하다.
글을 읽지 못하는 사람들도 금방 알아볼 수 있도록 만든 직관적이고
아름다운 배려다. 큰길을 따라 수도원을 향해 올라가는데 종소리가 울
려 퍼졌다. '길을 걷다가 종소리를 들으면 사랑하는 세 사람을 생각하
라'는데, 종소리를 들으며 나도 소중한 세 사람을 생각했다. 큰길의 중
간쯤엔 '몽생미셸의 성 베드로 성당'이 있었다. 계단을 올라가니 미사
중인 성당 내부가 보였다. 입구엔 적지 않은 여행자들이 서서 함께 미
사를 드리고 있었다.

　알아들을 수 없는 언어가 감동을 줄 때가 있다. 오래 우리 땅을 떠나 있던 어느 교포의 어눌한 한국어가 감동을 줄 때도 있고, 익숙한 모국어보다 낯선 외국어가 뭉클한 마음을 전해줄 때가 있다. 몽생미셸의 미사에는 바로 그 뭉클함이 있었다. 끝까지 미사를 함께하지는 못했지만, 그곳에서 잠시 영혼의 안식을 누렸다. 비로소 여행지가 아니라 수도원에 온 것이 실감났다.

　언덕길을 걸어 마침내 수도원에 도착했다. 대천사 미카엘이 첨탑 위에서 노르망디의 해안을 내려다보고 있는 수도원 풍경은 장엄함 그 자체다. 수도원을 둘러싼 것이 황량한 갯벌뿐이어서 더욱 그렇다. 수도자들은 아무런 난방장치도 없이 오직 창문으로 들어오는 햇살에만 의지했었다고 한다. 수도자들의 식사는 침묵 속에 이루어지는데, 식사를 하는 동안 한 사람의 수도자가 성서와 종교 서적을 읽어준다고 했다.

　불기 없는 방과 침묵의 식사, 문득 이모 생각이 났다. 봉쇄 수도원의 수녀님이셨던 이모를 처음 만난 건 내가 대학에 들어가던 해였다. 그때 잡아본 이모의 손은 깡마른 노동자의 손이었다. 불기 없는 방에서 자고, 하루의 상당 시간은 묵상과 자급자족을 위한 노동으로 채워졌다는 말씀을 기억하고 있다. 그것이 어떤 느낌이고 어떤 풍경인지 조금은 알 것 같았다. 앙네스 수녀님. 천국에서 잘 지내시지요?

　수도원을 나와 계단을 내려오면 갯벌 쪽으로 난 둥근 테라스가 있다. 몽생미셸에서 가장 아름다운 전망을 가진 곳이다. 그 테라스 끝에 서서, 밀물 때면 바다의 일부가 되는 갯벌을 바라보았다. 이상하리만큼 평화롭고 감동적인 순간이었다. 몇몇 사람들이 갯벌을 걷고 있었다. 빵을 반죽하러 들어간 사람들처럼 그들은 맨발로 보드라운 갯벌을 밟고 있었고, 갯벌 건너의 바다를 물끄러미 바라보기도 했다. 몽생미셸의 조수간만의 차는 무려 14미터에 이른다고 했다. 그래서 갯벌엔 반드시 정식으로 가이드를 동반해야 들어갈 수 있다.

테라스에 서 있는 우리도 갯벌과 갯벌 너머에 있을 바다를 하염없이 바라보았다. 생각이 많아지는 곳이고, 또한 들끓던 생각이 잠잠해지는 곳이기도 했다. 눈앞을 가리는 높은 빌딩도 없고, 하늘을 조각내는 창틀이 없으니 생각의 모양도 조금은 달라지는 것 같았다. 테라스엔 꼼짝도 하지 않고 서 있는 여행자가 많았다. 꼼짝도 하지 않고 서 있는 것, 한 풍경을 오래오래 바라보는 건 기도하는 일과 같다는 생각이 들었다.

반짝, 불이 켜질 때

날이 저물 무렵 테라스를 떠났다. 내려올 땐 성벽을 따라 이어지는 길을 택했다. 성벽 사이에 뚫어놓은 틈으로 또다른 갯벌 풍경이 보였다. 걷다가 잠시 걸음을 멈추고, 걷다가 또 성벽 사이로 보이는 풍경

몽생미셸, 왕의 길

을 바라보았다. 몽생미셸은 성벽마저 기도실 같았다. 외부인이 무시로 드나들면서 세속과 가까워졌어도 몽생미셸은 여전히 경건하다. 닿기 어렵고, 건너가기 어렵고, 짓기 어렵고, 실현하기 어려운 것들을 딛고 우뚝 섰기 때문일 것이다.

성문을 지나 갯벌 위에 놓인 다리를 건넜다. 셔틀버스가 금방 도착했지만 우리는 그 버스를 타지 않았다. 이제 뒤돌아볼 시간이기 때문이다. 날이 저물고, 몽생미셸에 불이 하나씩 켜지는 순간을 지켜보았다. 어둠에 물들어 가는 몽생미셸에 불이 하나씩 켜질 때, 내 안에서는 그동안 끄고 싶어도 꺼지지 않던 불빛들이 하나, 둘 스위치를 내리는 것 같았다.

몽생미셸을 처음 알게 된 건 영화 〈라스트 콘서트〉 덕분이었다. 실의에 빠진 중년의 피아니스트 리처드가 손을 다쳐 병원 치료를 받는 곳이 하필 몽생미셸의 병원이었고, 그가 진료실 복도에서 차례를 기다리고 있을 때 병실을 나서던 여인이 스텔라였다. 리처드를 보호자로 착각한 의사는 스텔라가 백혈병을 앓고 있다고 알려준다. 리처드와 스텔라가 병원 밖 버스정류장에서 다시 마주쳤을 때 그들의 등 뒤로 몽생미셸이 보였다. 몽생미셸에 와보니 그 장면들이 현실적으로 만들어지기 어려운 동선이라는 걸 짐작할 수 있었다. 로맨스를 다큐로 받아들이려 하다니! 병원 같은 건 있을 것 같지 않은 몽생미셸의 버스정류장에서 나는 상상력과 낭만이 퇴화된 나를 보고 말았다.

처음 영화를 보았을 때는 두 사람의 뒤에 펼쳐진 몽생미셸보단 그들의 스토리에 더 집중했었다. 방송 원고를 쓰기 위해 다시 〈라스트 콘서트〉를 자세히 보았을 때 비로소 몽생미셸이 잘 보였고, 저곳에 가고 싶다는 생각이 들었다. '가고 싶다'고 생각하면 언젠간 가게 되는 경우가 많다. 어느 지명을 마음에 품는 순간 우리 마음 안의 지도에는 목적지를 나타내는 핀이 꽂히는 것이다. 마음에 품은 모든 지명을 찾아갈 수야 없겠지만, 일생에 꼭 한번 가보고 싶은 '핀'을 품은 사람은 결국 그곳으로 여행을 떠나게 될 확률이 높다.

안개 속에서 홀연히 떠오르는

몽생미셸 안에는 여행자들이 묵을 수 있는 숙소가 있지만, 몽생미셸의 건너편 마을에 숙소를 잡는 것이 훨씬 좋은 선택이다. 에펠탑에선 에펠탑이 보이지 않는 것처럼, 몽생미셸 안에서는 이 바위섬과

 영화 〈라스트 콘서트〉 O.S.T 중 'St. Michel' (Dialogue)

수도원이 얼마나 경이로운지 잘 보이지 않으니까. 몽생미셸의 셔틀버스는 10분에서 15분 간격으로 다니고, 밤늦은 시간까지 운행된다. 밤늦은 시간이나 새벽의 몽생미셸을 보려면 얼마든지 셔틀버스를 타거나 걸어서 갈 수도 있는 것이다.

몽생미셸의 건너편 마을에서 눈을 뜬 아침, 나는 전망대라고 불리는 곳을 향해 걸었다. 그곳엔 나무 데크와 계단이 있었고, 사람들이 많이 나와 있었다. 갯벌과 풀밭은 안개에 뒤덮여 있고 몽생미셸은 보이지 않았다. 5분쯤 지났을까? 안개 사이로 희미하게 몽생미셸이 보이기 시작했다. 아니, 몽생미셸이 떠오르기 시작했다.

전투적인 일상을 뒤로 하고 온 여행자에겐 '건너편'의 시선이 필요하다. '건너편'이란 닿고 싶은 간절함과 닿을 수 있으리라는 희망이 혼재된 자리. 건너편에 앉아 물끄러미 풍경을 바라보고, 인생을 바라보는 순간은 여행이 건네주는 축복이다. 여행에만 그런 순간이 있는 건 아니다. 가끔 일상의 어느 순간에 건너편을 바라보게 될 때도 있다. 그 순간 나는 일상 속의 여행자가 된다.

▶ 영화 〈라스트 콘서트〉/Luigi Cozzi 감독, 1977년

생말로 성벽에 기대어 보기

생말로가 점점 가까워진다. 마치 로맨틱한 영화의 오프닝 장면 같다. 노르망디의 끝자락에 있는 몽생미셸에서 브르타뉴의 경계를 넘으면 바다 앞에 성벽으로 둘러싸인 생말로가 보인다. 생말로는 '버티고 있다'는 표현이 어울린다. 간신히 버티는 것이 아니라 우람하고 든든하게 버티고 있는 것이 멀리서 봐도 느껴진다. 생말로는 바람이 거센 곳이라고 들었는데, 날이 좋아서 그랬는지 바다가 차분하게 펼쳐져 있었다. 성안에는 프랑스 깃발, 브르타뉴 깃발, 그리고 생말로의 깃발이 동시에 나부끼고 있다. 자신들은 프랑스 사람도 아니고, 브르타뉴 사람도 아니고, 생말로 사람이라고 한다는 이곳 시민들의 자부심이 펄럭이고 있었다.

브르타뉴 지방의 휴양지 생말로는 성곽에 둘러싸인 도시다. 중세부터 해적의 본거지였고, 루이 14세 때는 왕으로부터 공인받은 해적들이 영국해협을 가로막고 통행세를 걷었다. 그래서 생말로 구시가지는 마치 파리의 골목 같은 도회적이고 부유한 느낌이 남아 있다. 원래는 켈트족인 갈리아인들이 살았던 곳이었다. 6세기에 이곳에 수도원을 지은 웨일즈의 수도사 이름을 따서 생말로라는 이름을 갖게 되었다. 영국해협 바로 앞에 있는, 웨일즈의 수도자 이름을 딴 도시. 이것이 모든 걸 말해준다. 생말로는 늘 격전지였다. 이토록 튼튼한 성벽으로 둘러싸인 것도, 공인된 해적이 활동했던 것도 다 이유가 있다.

2차 대전 때 독일군은 생말로에 진지를 구축하고 연합군의 상륙에 대비했다. 연합군이 세 차례에 걸쳐 대규모 폭격을 하는 바람에 도시의 많은 부분이 파괴되었다. 지금의 생말로는 전쟁 후에 철저한 고증을 바탕으로 재건된 도시다. 그런데도 중세의 느낌이 고스란히 남아 있다.

생말로 성벽 위엔 산책로가 있다. 2층 혹은 3층 높이의 시선으로 세상을 바라볼 수 있는 길이다. 평소에 경험하기 어려운 높이에서 오른쪽엔 오래된 도시를, 왼쪽으론 바다를 끼고 걷는 산책은 특별했다. 가을 햇살이 쏟아지는 성벽 위에서 우리를 빤히 바라보던 꽃무늬 원피스 꼬마 아가씨도 예뻤고, 눈까지 털로 뒤덮인 산책하는 강아지도 귀여웠다.

성벽이 끝나는 지점에 이르니 사람들이 성벽에 기대거나 드러누워 일광욕하는 모습이 눈에 띄었다. 누군가는 성벽에 기대어 낮잠을 자는 것처럼 눈을 감고 있었고, 누군가는 성벽에 기대어 책을 읽고 있었다. 기댈 수 있는 곳이 있다는 건 근사한 일이다. 성벽에 기대어 자유로운 순간을 누리는 사람들을 보는 것만으로도 흐뭇했다. 우리도 성벽에 기대어보았다. 걷거나 앉았던 시간은 많았지만 유적지의 어느 벽에 기대어보는 건 정말 드문 일이었다. 더 좋았던 건 사람들이 조용했다는 거다. 생말로의 갈매기는 목소리가 우렁차다. 눈을 감은 채 갈매기 울음소리를 듣고 있으니 어디 망망대해를 떠가는 배 위에 있는 것 같았다.

보이는 건 갯벌과 건너편의 섬과 바다뿐이지만 사람들은 그 어느 해변에서보다 여유로워 보였다.

성벽에 기대본 시간은 왜 그렇게 좋았을까? 온전히 풍경 속에 자신을 내려놓은 사람들만 거기에 있었다. 모두 저마다의 순간에 머무르고 있었다. 거기 있으면서도 거기 없는 시간은 얼마나 많은가. '지금 나는 여기에 있다'는 걸 충만하게 느낀 시간이었다. 그 순간을 떠올리면 지금도 축복받는 느낌이 든다. 우리에게 필요한 건 그런 시간일 테지. 멈춰 서서 세상의 어느 모퉁이에 기대는 시간, 잠시 눈을 감고 나 자신의 안쪽으로 들어오는 시간.

생말로 성벽에 기댄 사람들

다시 성벽 길을 되돌아 나왔다. 너무 높지도 않고 낮지도 않은 지점에서 바다와 중세 도시 사이를 계속 걸었다. 이런 시선, 이 정도 마음의 높이를 늘 가질 수 있다면 좋겠다. 1층에선 보이지 않던 것들이 잘 보이니 모르고 산 것이 많았다는 걸 깨닫게 된다. 높은 곳에 있으니 걸음마다 신중하고 조심하게 된다. 생말로 성벽만큼의 마음 높이라면 휘둘리지 않고 담담하게 사는 일이 가능할지도 모르겠다. 담담하게 사는 것이 꼭 최선인지는 모르겠지만.

성벽에서 내려와 생말로 구시가지로 들어섰다. 성벽이 견고하게 감싸고 있어서 그런지 구시가지는 아늑한 분위기였다. 루이 14세로부터 공인받은 해적들이 통행세를 걷었던 도시라 그런지 다른 곳보다 부유했던 흔적이 여기저기서 느껴졌다.

생말로에는 맛집이 많다. 생말로를 최고의 휴양지로 꼽는 프랑스인들이 상당하다는 걸 보면 충분히 그럴 것 같다. 거리엔 노천카페와 노천식당도 많았고, 레스토랑도 여러 곳 있었다. 우리는 까르띠에라는 상호가 붙은 레스토랑을 선택했다. 메뉴 중에 흥미롭게도 홍어가 있었다. 삭힌 홍어가 아닌 홍어 요리는 어떤 맛일까? 홍어를 선택한 Y는 우리에게 엄지 척! 모두가 주문한 음식에 만족했다. 후식으로 주문한 크렘 브륄레는 나중에 파리의 르 프로코프에서 먹은 것만큼이나 맛있었다.

길 위에는 언제나 뜻밖의 선물이 있다

노르망디는 파리에서 북서쪽에 있는 드넓은 지역이라 여행의 루트를 효율적으로 짜기가 쉽지는 않다. 꽤 넓은 지역에 도시가 이리저리 퍼져 있어서 가까우면 한 시간, 어지간한 곳은 거의 두 시간씩 걸렸다. 그래서 좋은 점도 있었다. 노르망디의 심심한 듯한 자연을 마음 가는 대로 느끼는 것, 그리고 루트 중간에 뜻밖의 선물 같은 도시들을 만날 수 있는 것이다. 루앙으로 가는 길에 만난 바이유가 그랬다.

생말로와 루앙 중간쯤에 바이유가 있었다. 우리의 안내자 B가 갑자기 "우리 바이유에 들렀다 갈까요?" 했다. 여행이 흥미진진해지는 순간은 누군가 그런 말을 할 때다. 그때부터 여행은 놀라워지거나 진흙탕에 빠진 듯 엉망이 된다. 어느 쪽이든 괜찮다. 안 좋은 추억은 있어도 안 좋은 경험은 없다.

 Belle-île-en-Mer, Marie Galante/Laurent Voulzy

전쟁과 찬란

오! 이 적당히 예쁜 도시는 뭐지? 잘 알려진 도시에서 느끼지 못했던 매력이 바이유에는 있었다. 아마 기대하지 않아서 기대 이상의 도시가 되었을 것이다. 노르망디의 여러 도시가 폭격으로 무너졌다가 재건되었던 것에 비해 바이유는 비교적 온전하게 옛 모습을 지키고 있었다. 바이유 대성당은 루앙 대성당에 견주어도 손색이 없을 만큼 웅장했고, 시내에는 오래된 집들이 뚝심 있게 제자리를 지키고 있었다. 노르망디에서 가장 개성 있는 식당도 이곳에서 만났다.

무엇보다 이 도시에는 의외로 전쟁의 기억이 많이 남아 있었다. '정복왕 윌리엄'과 중세의 전쟁사를 한 땀 한 땀 수놓은 '바이유 태피스트리'가 있었고, 2차 대전을 기록하고 추모하는 장소도 있었다. 노르망디 상륙작전이 시작된 후에 독일군으로부터 탈환한 첫 번째 도시가 바이유라는 것도 처음 알았다. 노르망디 전쟁 기념관이 바이유에 있는 건 이런 이유다. 노르망디 상륙작전에 희생된 병사들이 잠든 묘지도, 추모비도 이 도시에 있다. 바이유에서 노르망디 상륙작전이 이루어진 오마하 해변까지는 30분도 채 걸리지 않는다.

바이유 거리

세계에서 가장 유명한 태피스트리

바이유 태피스트리 박물관은 시내 중심에 있다. 생각보다 방문객이 많아서 놀랐다. 17세기 대주교의 궁전을 개조한 박물관은 1983년에 문을 열었다. 태피스트리는 오랫동안 바이유 대성당에 보관되었다는데, 박물관이 만들어지면서 비로소 온전히 쉴 수 있는 집을 얻었다.

바이유 태피스트리는 11세기에 제작되었고, 길이가 약 70미터에 이르는 대형 작품이다. 태피스트리에는 1066년에 있었던 '헤이스팅스 전투'를 비롯해서 '정복왕 윌리엄'의 잉글랜드 정벌 과정이 세밀하게 묘사되어 있다. 약 50개의 장면으로 구성되어 있는데, 중세 역사를 정교하게 기록한 작품으로 높은 평가를 받고 있다.

자수로 새긴 전쟁의 역사는 차원이 다른 기록이다. 정복왕 윌리엄의 전쟁 장면, 병사들의 망중한, 목이 잘려나가는 잔혹한 전쟁 장면까지 자수로 정교하게 표현되어 있다. 혼신의 힘을 다해 정성껏 일하는 과정을 뜻하는 '한 땀 한 땀'의 실체를 눈으로 확인할 수 있다. 정성으로 수놓은 중세의 역사를 노르망디 사람들이 자랑스럽게 여길 만하다. 여행자에겐 그 역사가 그다지 크게 와닿지는 않는 것이 아쉽긴 하지만.

유명한 드라마 〈왕좌의 게임〉 오프닝에는 시리즈에 나오는 모든 전쟁을 기록한 태피스트리가 등장한다. 태피스트리와 그래픽이 절묘하게 뒤섞인 인상적인 오프닝에 등장하는 그 태피스트리는 바로 바이

바이유 태피스트리

유 태피스트리에서 영감을 받은 것이다. 90미터에 이르는 거대한 태피스트리는 2017년에 북아일랜드 관광청이 제작했고, 벨파스트의 얼스터 박물관에 전시되어 있다. 2019년에는 바이유 태피스트리 박물관에 특별 전시된 적도 있다.

노르망디 여행에서 햇살이 가장 좋았던 곳이 어디냐고 묻는다면 주저 없이 바이유를 꼽을 것이다. 태피스트리 박물관을 나와서 1킬로미터 정도 떨어진 바이유 대성당까지 걷는 길은 햇살 캡슐 안에 들어가 둥둥 떠가는 기분이었다. 박물관에서 나와 길 하나 건너면 21세기에도 여전히 건재한 물레방아를 볼 수 있었다. 이 도시에 유독 크레페 맛집이 많은 이유를 물레방아가 말해주는 것 같았다. 화사한 꽃에 둘러싸여 빙빙 도는 물레방아가 특별한 정취를 빚어냈다.

그 산책엔 왜 햇살만 가득했던 기억이 날까? 그 짧은 길에서 나는 왜 그렇게 행복했을까? 나는 왜 이 도시를 걷던 순간을 '찬란'이라고 기억할까? 우연한 여행이 생각보다 마음을 설레게 해서 그랬을지도 모른다. 하긴 내가 다 몰라서 그렇지, 지금까지 지나온 노르망디의 곳

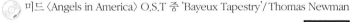 미드 〈Angels in America〉 O.S.T 중 'Bayeux Tapestry'/ Thomas Newman

곳엔 바이유처럼 숨은 보석이 꽤 많았을 것이다.

　여행이란 그런 것. 길을 가다 왠지 끌리는 이정표가 보이면 길을 잃은 척 들어가 보는 것. 슬쩍슬쩍 한눈도 파는 것. 그러다가 뜻밖의 선물을 만나기도 하는 것.

　바이유 대성당 왼쪽으로 작은 식당이 보였다. 외관이 화려하지 않아서 좋았고, 크레페 전문점이라는 것도 신선했다. 식당의 이름은 'Pomme Cannelle,' '시나몬 애플'이라는 독특한 과일 이름이라고 한다. 이 식당에서 우리는 맛있는 크레페를 먹었고, 노르망디의 사과로 만든 시드르를 마셨고, 감미로움의 한도치를 넘는 디저트까지 먹었다. 음식도 독특하고 맛있었지만, 공간을 가득 채우고 있던 화려한 색감이 좋았다. 노르망디가 아니라 프로방스 어딘가에 불시착한 것 같았다. 달달한 디저트는 종종 여행자를 감탄 과잉 상태로 만들어버린다.

　화려한 색감을 그다지 좋아하지 않는데도 이 식당의 색채가 마음에 들었다. 이날 찍은 사진도 온통 강렬한 색채로 가득하다. 가끔 햇살이 그립거나 우울한 느낌이 들 때는 바이유에서 찍은 사진들을 본다. 이 식당의 모든 것이, 오래된 집 지붕 위로 쏟아지던 햇살이 언제나 나를 기분 좋게 만들어준다. 느닷없이 바이유로 들어선 이날처럼 가볍게, 우연한 여행을 하듯 살아야지, 생각하곤 한다.

바이유 식당, Pomme Cannelle

아홉 번째
체크인

대성당에 쏟아지던 빛

루앙이 공업도시라는 건 작은 충격이었다. 나에게 루앙은 모네가 그린 루앙 대성당 연작과 플로베르의 소설과 생상스의 음악으로 기억되는 도시였기 때문이다. 루앙에 가까워질수록 풍경은 조금씩 더 삭막해졌다. 루앙의 속도감은 에트르타나 생말로와는 완연하게 달랐다. 루앙은 중세에 번성했다가 100년 전쟁 이후 쇠락했고, 19세기에 다시 활기를 되찾은 도시다. 루앙에선 낭만적인 프랑스보다 치열한 프랑스가 느껴졌다. 운전도 좀 거칠었고 사람들도 그리 친절하지는 않았다. 시대의 변화에 민감한 도시라고 좋게 해석하기로 했다. 현대미술에 가장

충격적인 장면을 연 마르셀 뒤샹이 루앙 출신이라는 건 금방 이해가
되었다. 루앙 대성당 가는 길모퉁이에서 마르셀 뒤샹에 관련된 기념판
을 본 기억이 난다.

　루앙 출신의 예술가들이 적지 않다. 루앙의 외과 의사 아들이었
던 플로베르에게 아버지의 병원은 사실주의 문학의 훌륭한 실험실이
었다. 훗날 플로베르는 루앙 대성당에서 차로 10분 정도 걸리는 크루
아세 마을에 살았다. 플로베르의 집은 조르주 상드와 공쿠르 형제, 알
퐁스 도데, 러시아 출신의 투르게네프 같은 작가들이 찾아와 문학과
예술을 토론하던 멋진 살롱이었다.

　루앙 대성당은 12세기부터 오랜 세월에 걸쳐 지어진 고딕 성당이
다. 모네의 그림 속 루앙 대성당은 거친 붓 터치로 그려져 있지만, 실제
로 본 루앙 대성당은 레이스를 펼쳐놓은 것 같은 화려하고 세밀한 장
식이 인상적이었다. 돌을 가지고 이렇게 섬세한 표현을 할 수 있다니.
한참 넋을 잃고 대성당의 이곳저곳을 살펴보았다. 대성당 앞 광장에는
모네가 그린 루앙 대성당에 관한 안내판이 있다. 빛에 따라 완연히 다
르게 표현된 모네의 작품을 실제의 루앙 대성당 앞에서 바라보고 있으
니 기분이 묘했다. 비록 그 효과가 잠시만 유지되는 것이라 해도, 사물
이나 현상을 새롭게 해석한 작품을 만나는 건 언제나 멋진 경험이다.

　인상파 회화의 성지 같은 곳이어서 그런지, 루앙 대성당에서 내
부를 가득 채운 빛에 유독 눈길이 갔다. 성당 안에는 수많은 의자가 놓

바이유, 빛이 쏟아지는 풍경

여 있었는데, 스테인드글라스로 쏟아져 들어온 햇살이 의자를 하나씩 어루만지고 있었다. 빛이 만드는 경건함, 빛이 만드는 고요함, 빛이 만드는 아름다움. 비로소 빛의 세계에 눈을 뜬 사람처럼 루앙 대성당에서 어둡고 밝은 빛의 대비를 오래 지켜보았다. '빛이란, 만물이 서로에게 헌신하고 있는 모습을 비추기 위해 존재한다'는 문장이 문득 떠올랐다.

정원사 모네를 만나다

지베르니에는 얼마나 고운 수련이 피어 있을까? 지베르니는 파리와 루앙 중간쯤에 있고, 센강이 흐르는 마을이다. 당연히 이 마을에서 가장 큰 거리에는 클로드 모네 거리라는 이름이 붙어 있고, 모든 것은 모네의 집을 중심으로 맞춰져 있다. 모네가 살았던 시절이나 지금이나 변한 것이 거의 없을 것 같은 시골길 끝자락에 모네의 집이 있었다.

모네의 집 가는 길에서 멋진 사람들을 여럿 만났다. 하얀 옷을 입고 빨간 모자를 쓴 할아버지는 엄청나게 큰 이젤에 아주 작은 캔버스를 올려놓고 그림을 그리고 있었다. 그림을 그리는 화가라기보다는 마치 행위예술 아티스트 같기도 했다. 빨간 오토바이에 강아지를 태우고 가는 라이더도 만났다. 강아지는 멋진 선글라스를 끼고 오토바이 상석에 앉아 풍경을 감상하고 있었다. 그 동행이 무척 보기 좋았다.

모네의 집 입구에서 여행자를 반겨주는 건 작업복을 입은 정원
사 모네의 사진이다. 벽 하나를 다 차지한 사진을 바라보니 모네의 그
림은 노동에 가까운 땀과 정성으로 만들어진 것이었음을 새삼 확인하
게 된다. 모네의 집은 핑크빛 외벽에 초록색 창틀로 이루어져 있었다.
뜨락엔 장미와 달리아, 부겐베리아, 한련화 같은 꽃들이 가득했다. 모
네의 집 외관은 얼핏 시골의 작은 학교 같은 느낌을 주었다. 여덟 명의
자녀가 함께 살았다는 이 집에는 방만 열 개가 넘는다고 한다. 그러니
교실 같은 분위기, 학교 같은 분위기가 느껴지는 건 당연한 일인지도
모르겠다.

모네의 집에서 첫 번째로 만난 방은 그림으로 가득 찬 작업실이
었다. 그의 작품만이 아니라 동료들의 작품도 같이 전시되어 있었다.
모네의 집은 대가의 근엄한 집이라기보다는 다정한 이웃집 같은 느낌
이 강했고, 작업실에도 다정한 분위기가 가득했다. 다이닝룸은 노란
색, 주방은 푸른색 타일로 장식되어 있었다. 창문을 통해 보이는 외부
공간과 조화를 이룰 수 있도록 블루 타일을 붙였다는데, 그런 소소한
이야기들이 모네다워 좋았다.

모네의 집 내부에는 과하다 싶을 정도로 우키요에가 많이 걸려
있었다. 19세기 말에 프랑스 예술가들이 자포니즘에 얼마나 몰입해 있
었는지를 알 것 같았다. 모네의 책상 너머로 그가 그토록 사랑했던 정
원이 보인다. 원하는 것을 일구고, 원하는 것을 보며, 원하는 것을 그렸
으니 모네는 행복한 화가였을 것이다. 작가의 집이나 화가의 작업실을
왜 찾아가는지 알 것 같다. 그 장소에서만 보이는 것이 있기 때문이다.
책상이 놓인 구도라던가 창문 밖 풍경으로 헤아려보는 작가의 진심은
그곳에 갔을 때 비로소 읽을 수 있다. 무엇보다 나는 모네의 집이 귀족
의 저택처럼 화려하지 않아서 좋았다. 이 집과 정원을 위해 화가가 모
든 것을 쏟아부었다는 것이 절절하게 느껴져서 감동이었다. 빛에 매혹
된 화가가 기꺼이 정원사가 되기로 마음먹은 곳, 모네의 집은 완벽하
게 아름다웠다.

지베르니, 꽃으로 둘러싸인 모네의 집

모네의 집 내부

이제 모네의 진심을 만나러 갈 차례다. 장미가 만발한 정원을 지나고 대숲을 지나 수련이 핀 연못으로 가는 동안 그의 진심이 더 생생하게 느껴졌다. 모네는 여섯 명의 정원사와 함께 일했다는데, 꽃이 피는 높이와 색의 조화로움과 계절까지 고려해서 정원을 가꾸었다고 한다. 수련이 핀 정원을 향해 걷는 건 모네의 그림 속 판타지 세상으로 들어가는 과정 같았다. 대나무가 늘어선 길을 지나니 와! 정말 모네의 그림 속 정원이 그대로 펼쳐져 있다. 수줍은 듯 핀 수련도 있고, 이미 꽃잎을 닫아버린 수련도 있었다. 늘어진 버드나무와 초록빛 작은 다리, 계절 따라 피고 지는 꽃들과 수련이 어우러진 고요한 연못을 한참 바라보았다. 한여름 성수기에 왔다면 이런 고요를 느끼긴 어려웠겠지.

모네가 그린 수련은 드로잉을 포함해서 250점 가까이 되는데, 그중엔 시력을 거의 잃어가던 말년에 그린 수련도 있다. 왜 수련이었을까? 물에서 피는 꽃도 많고, 정원의 꽃도 많은데 왜 수련을 그토록 집요하게 그렸을까? 모네가 인상주의의 문을 연 화가라는 걸 기억해보니 얼핏 알 것 같다. 수련이 꽃잎을 여는 순간, 수련이 꽃잎을 닫는 순간은 인상주의자 모네에게 굉장한 영감이 아니었을까? 이른 새벽부터 부지런한 정원사처럼 그림을 그렸던 모네에게 '수련'은 일종의 신앙이었을지도 모른다. 지베르니에 와보니 보다 명확하게 알 것 같았다. 노르망디 여행은 사실 모네의 흔적을 따라가는 여정이라고 해도 과언이 아니다. 이제 파리의 오랑주리 미술관으로 가서 모네의 거대한 수련을 만날 것이다. 그러려고 노르망디 여행을 떠났으니까.

오베르에는 숫자가 있다

'오베르 쉬르 우아즈' 이정표를 지나던 순간, 문득 고흐는 이 마을에 어떤 방식으로 왔을까, 궁금해졌다. 기차를 탔겠지? 그리고 카미유 피사로가 권한 대로 가셰 박사를 만났겠지? 네덜란드를 떠나 몽마르트르의 방황을 겪고, 아를과 생 레미의 고통을 겪은 뒤 오베르에 도착했을 고흐를 생각하니 마음이 아렸다.

오베르 여행은 시청사에서 시작되었다. 고흐의 그림에도 담겨 있는 오베르 시청사는 관공서라기엔 너무 예뻤다. 마치 부티크 호텔처럼 보이기도 했다. 주변에 권위적인 것을 거느리지 않고 홀로 단정하게 서 있어서 그랬을지도 모르겠다.

마음의 병을 치유하러 여행을 떠났던 지인이 있는데, 그는 오베르를 여행하면서 이 시청사를 그렸다고 했다. 그때 알 수 없는 눈물이

Water Lilies/Kevin Kern

쏟아졌고, 오베르 여행을 기점으로 서서히 회복되었다고 했다. 고흐는 알고 있을까? 자신이 겪은 고통이, 자신이 남긴 작품이 얼마나 많은 타인을 치유했는지. 마치 기적을 행하는 성자처럼 말이다. 시청사 앞엔 고흐의 그림이 담긴 안내판이 있다. 안내판엔 23이라는 숫자가 새겨져 있다. 오베르 시내 곳곳에는 그런 숫자들이 있다. 시청사는 23번, 오베르 성당은 25번, 까마귀가 나는 밀밭은 26번. 오베르에서 만난 숫자들은 애틋했다. 고흐의 마지막 순간을 카운트다운하는 숫자 같아서.

시청사에서 길을 건너면 바로 고흐의 마지막 거처였던 라부 여인숙이다. 가고 싶은 곳이 너무 쉽게 나타나서 당황스러웠다. 우리는 고흐의 흔적을 따라 오베르를 산책한 뒤 마지막으로 이 집에 다시 오기로 했다. 라부 여인숙 오른쪽 길을 따라가면 도비니 거리가 나온다. 도비니 거리에는 고흐에 관련된 여러 장소가 있다. 모두 다 낮잠을 자러 간 것처럼 고요했던 그 거리엔 고흐 공원이 있다. 고흐를 형상화한 조각상이 있는 작은 공간이다. 깡마른 고흐가 이젤을 등에 지고 걷는 조형물은 너무 처연했다. 그런데 이 동상을 어디선가 본 적이 있는데, 어디였지? 한참 생각하다가 기억해 냈다. 하코네 산속에 있던 피카소 미술관에서 똑같은 동상을 보았던 것이 기억났다.

도비니가를 계속 걸어 올라가면 엘리제 광장이 나온다. 광장이라는 이름을 붙이기 미안할 정도로 작은 공터다. 그곳에 그 유명한 오베르 성당이 있다. 대개는 오베르 교회라고 소개되지만 오베르 성당이 맞다. 성당 오른쪽에 고흐의 그림이 담긴 안내판이 있고, 25번이라는 번호가 붙어 있다. 그림으로 수없이 보았던 오베르 성당 앞에 서서 고흐의 그림 한 번, 눈앞의 성당 한 번 번갈아 바라본다. 눈앞의 오베르 성당은 베이지색과 갈색이 섞여 있지만, 고흐의 그림 속 성당엔 보랏빛이 섞인 블루가 더 많이 담겨 있다. 그의 시력에 문제가 있었기 때문일까? 성직자가 되고 싶었으나 뜻을 이루지 못했던 고흐는 평범한 사람들이 보는 것과 좀 다른 걸 보았을지도 모르겠다.

그런데 어디로 들어가지? 엘리제 광장에선 성당으로 들어가는 문이 보이지 않았다. 고흐의 그림에도 성당의 입구는 보이지 않는다. 성당 앞엔 두 갈래 길이 있고, 모자를 쓴 여인은 왼쪽 길로 걸어가고 있다. 그러고 보니 조금 전에 지나온 골목 왼쪽에 성당으로 오르는 계단이 있었던 것 같다. 그 계단을 오르면 장미창이 보이는 출입문이 바로 나올 것이다. 입구가 보이지 않는 그림 속 오베르 성당이 내 마음에 긴 여운을 남겼다. 고흐는, 자신에게 끝끝내 곁을 내어주지 않는 삶을 입구가 보이지 않는 성당으로 표현했던 건 아닐까?

오베르 성당 내부는 담담했다. 높이 솟은 천장에는 장식 하나 없고, 스테인드글라스로 스며드는 햇살이 소박한 실내를 비추고 있다. 진품은 아니지만 〈오베르 성당〉을 그린 고흐의 그림과 〈피에타〉가 나란히 걸려 있는 것이 특징이라면 특징이라고 할 수 있다. 황금빛 장식과 화려한 성화로 가득한 성당을 수없이 보았기 때문인지 별다른 장식

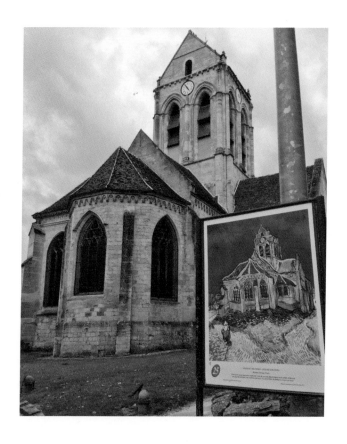

오베르 성당

이 없는 이 성당이 더 숙연한 감동으로 다가왔다. 고흐가 오베르 성당을 그린 건 1890년 6월, 세상을 떠나기 불과 한 달 전이었다. 간절한 기도와 같았을 그의 그림들, 한 줌의 햇살만 간신히 들어오던 작은 다락방. 쓸쓸하고 비참했으나 열정으로 가득했던 고흐의 마지막 날들이 오베르 골목에 낙엽처럼 깔려 있다.

라부 여인숙에서 오베르 교회를 지나 까마귀가 나는 밀밭까지 이어지는 길, 20분쯤 걸리는 이 길을 고흐는 거의 매일 걸어 다녔다고 한다. 그가 머물던 방은 좁았지만 대신 그에겐 이렇게 드넓은 아틀리에가 있었다. 오베르 성당을 지나면 금방 까마귀가 나는 밀밭이 나타난다. 밀밭에 서면 이번엔 밀밭의 그 막막한 넓이가 마음을 아프게 한다. 방이 좁아도, 풍경이 드넓어도 마음을 아프게 만드는 화가. 그가 우리에게 준 선물이 너무나 많으니 이런 아픔이라도 답장처럼 내어주어야 마땅하겠지. 밀밭에도 고흐의 〈까마귀가 나는 밀밭〉이 담긴 안내판이 있고, 26번이라고 새겨져 있다. 하늘을 뒤덮은 까마귀 떼는 고흐를 짓누르는 죽음의 그림자였을까? 드넓은 밀밭 바로 곁에 잠들어 있는 고흐에게 묻고 싶어진다.

밀밭의 오른쪽 모퉁이에 있는 오베르 공동묘지엔 고흐와 테오가 나란히 묻혀 있다. 고흐가 세상을 떠난 지 6개월 뒤에 동생 테오도 세상을 떠났다. 테오의 아내 요한나는 남편이 형 곁에서 잠드는 것이 옳은 일이라 생각했다고 한다. 나란히 누운 두 형제의 묘가 마치 하나처럼 보이는 건 가세 박사의 정원에서 옮겨 심은 담쟁이덩굴 때문이다. 담쟁이는 깊은 우애와 사랑을 상징한다지. 형 빈센트는 동생에게 미안한 마음을 다 지웠기를, 동생 테오는 형을 보살펴야 한다는 무거운 책임감을 다 내려놓았기를 빌었다. 대부분의 예술가 뒤에는 테오 같은 존재가 있었다. 연민과 긍지를 수혈해 주고 무한한 응원을 보낸 사람들, 그들이 좌절하지 않고 앞으로 나갈 수 있도록 짐을 대신 졌던 존재가 있었다. 테오가 없는 빈센트를 생각할 수 있을까? 가혹하리만큼 힘겨웠던 고흐의 삶에도 테오가 있었다는 건 작은 위안이 된다.

고흐의 마지막 거처였던 라부 여인숙, 오베르 시청 건너편에 있는 라부 여인숙 1층은 레스토랑이고 왼쪽엔 고흐의 친필 편지 등을 전시한 공간이 있다. 2층에 있는 기념품점을 지나 다시 계단을 오르면 고

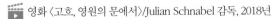 영화 〈러빙 빈센트〉/Hugh Welchman 감독, 2017년

영화 〈고흐, 영원의 문에서〉/Julian Schnabel 감독, 2018년

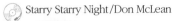 Starry Starry Night/Don McLean

흐의 다락방이 나온다. 작은 창문으로 빛이 간신히 들어오는 고흐의 방은 어두웠고, 정말 좁았다. 고흐가 쇠락한 몸을 눕히던 침대도 없고, 방 안에는 오직 어둠 속에서 희미하게 빛나는 의자 하나가 놓여 있을 뿐이다. 고흐가 아를에 살 때, 고갱이 도착하기를 기다리며 그려놓은 의자와 닮았다. 저 작은 의자 하나와 이 좁고 어두운 방이 고흐에게 간신히 허락된 것이었다. 그는 세상에 많은 선물을 주었으나 세상은 인색하게도 이토록 좁은 공간과 냉대를 내주었을 뿐이다. 고흐의 다락방에서는 모두 말이 없었다. 어둡고 좁아서 고흐의 비극을 완성하기에 완벽했던 방. 고흐는 지상에서 도대체 무얼 누렸던 것일까? 고흐의 슬픔이 구체적으로 형상화된 작은 방에서 나는 할 말을 잃었다. 작은 창으로 들어오는 희미한 빛, 그 빛이 간신히 닿아 있던 빈 의자가 아직도 글썽글썽한 기억으로 남아 있다.

따로 또 같이, 파리

노르망디 여행의 끝자락, 다시 파리에 도착했다. 네 번째 파리 여행이 시작되었고 이제부턴 뚜벅이 여행이다. 우리는 야심 차게 파리의 중심에 숙소를 잡았다. 오래전 프라하 음악제에 갔을 때 구시가지 얀 후스 광장 모퉁이에 숙소를 얻었던 적이 있다. 그건 아주 탁월한 선택이었다. 틴 성모 성당의 종소리를 들으며 잠에서 깨는 아침, 밤늦은 시

고흐의 마지막 거처, 라부 여인숙

오베르, 빈센트와 테오의 묘소

고흐의 마지막 방

간까지 광장 모퉁이 카페에서 시간을 보낼 수 있고, 마음먹은 만큼 산
책할 수 있었던 것이 정말 좋았다.

생미셸 역 근처 호텔의 숙박비는 비쌌지만 나름 좋은 선택이었
다. 바로 앞엔 시테섬과 노트르담 대성당이 있었고, 등 뒤엔 생제르맹
거리가 있었다. 소르본느와 팡테옹과 루브르도 가깝고, 강변을 걸으며
부키니스트의 책장도 볼 수 있는 곳. 오랑주리도 오르세도 다 걸어서
가기 편한 곳이었다. 밤의 센강 산책도 가능했고, 이른 아침에 유서 깊
은 파리의 카페도 경험할 수 있었다. 덕분에 파리의 가을을 가득 껴안
을 수 있었다. 비싸고 고약하지만, 늘 두근거리는 파리!

저녁을 먹고 센강 산책을 했다. 센강은 황금빛으로 물들어 있고,
연인들은 강변에 걸터앉아 파리의 가을을 즐기고 있었다. 혼자 앉아
물끄러미 흘러가는 강물을 바라보는 청년도 있었다. '우리'는 '그들' 옆
에 선뜻 앉지 못했다. 1분 1초도 소중하고 애틋할 그들의 시간을 방해
하기 싫었다. 세상에 혼자인 듯 외로워 보이는 한 청년의 저녁을 흔들
고 싶지 않았다. 여행자에겐 낭만적인 센강이지만 파리 사람들에겐 기
쁨과 슬픔이 피고 지는 일상의 현장이라는 걸 새삼 느끼며 천천히 걸
었다. 그리고 퐁네프 다리를 건너 호텔로 돌아왔다.

저녁 산책은 좋았다. 가을 저녁의 센강은, 우리의 나이가 몇이든
가장 아름답고 가장 사랑스럽던 시절로 데려다줄 것만 같았다. 물론

센강이 마법을 부려 그 시절로 데려다준다 해도 사양하겠지만. 나는 언제나 지금이 좋다. 그리고 여행은 지금을 사는 완벽한 방법이다.

파리에서 맞이하는 첫 아침, 우리는 호텔에서 조식을 먹은 뒤 각자의 여행을 떠났다. 파리의 하루를 즐겁게 누리고 저녁에 만나자며 헤어졌다. 남편의 행선지와 아내의 행선지가 다른 부부도 있었다. 남편과 나는 그냥 발 닿는 대로 센강을 따라 걷기로 했다. 루브르는 패스, 오랑주리는 필수, 오르세 미술관은 가능하면 가보기로 했다. 노르망디 여행에선 함께해서 즐거웠고, 파리에선 흩어져서 좋았다. 마치 서로 다른 구역을 정찰하라는 임무를 받은 것처럼. 저녁에 모여 나누는 각자의 여행 이야기도 즐거웠다. 여행이든 인생이든 '따로 또 같이'는 정말 중요하다.

파리에는 가을이 빨리 온다. 시월의 초반이었는데 날씨는 벌써 쌀쌀했고, 단풍이 제법 들어 있었다. 파리에 왔을 때 언제나 여름이었는데 이번엔 파리의 가을을 만나게 되어 좋았다. 덥지도 춥지도 않은 파리를 즐겨야지. 빨리 걷는 방법을 아예 모르는 사람처럼 천천히 걸으며 느껴봐야지.

셰익스피어 앤 컴퍼니 그리고 부키니스트

파리를 아름답게 만드는 목록을 만들자면 많은 페이지가 필요할 것이다. 파리의 영혼이라고 할 수 있는 책의 향기도 빼놓을 수 없다. 영화 〈비포 선셋〉에서 연인들이 재회하던 셰익스피어 앤 컴퍼니처럼 파리에는 오래된 서점이 많다. 파리의 첫 아침을 호텔에서 3분도 채 안 걸리는 셰익스피어 앤 컴퍼니에서 시작했다.

셰익스피어 앤 컴퍼니는 1919년에 셰익스피어의 시와 희곡 희귀 판본들을 판매하기 위해서 문을 열었다. 처음엔 파리의 아메리카인과 영어권 독자들을 위한 도서 대여점 형태로 출발했다. 영화 〈미드나잇 인 파리〉에 등장하는 미국 작가 거트루드 스타인이 1호 고객이었다. 서점 주인 실비아 비치는 가난한 특파원 헤밍웨이에게 특혜를 주었다. 가입비를 내지 않고도 언제든 책을 빌려갈 수 있었던 특별 고객 헤밍웨이는 훗날 실비아 비치에게 그 이상의 보답을 했다. 두 사람이 힘을 합친 덕분에 제임스 조이스의 《율리시스》가 출간될 수 있었다는 것도 이 서점 역사의 일부다.

서점 앞에는 흥미로운 가판대가 있어서 지나가는 사람들의 발길을 멈추게 한다. 서점 구석구석에 숨어 있는 보석 같은 책을 찾아내는 황홀함도 있다. 서점의 2층으로 올라가는 계단 위에는 이런 글이 새겨져 있다.

"낯선 이에게 친절하라. 변장한 천사일지도 모르므로."

계단 위의 글귀처럼, 셰익스피어 앤 컴퍼니는 나그네에게 친절하다. 멀리서 온 작가들이 편하게 머무르며 글을 쓸 수 있도록 공간을 제공하는데, 영화 〈비포 선셋〉에도 그런 장면이 등장했었다. 서점의 2층에는 낡은 피아노가 있다. 누구나 연주할 수 있지만 아무도 연주하지 않았다. 언젠가는 어떤 여행자가 용기를 내어서 모두에게 추억의 순간을 선물하겠지. 2층의 서가 사이를 천천히 걸었다. 책을 보는 건지, 서점의 분위기를 느끼는 건지, 아니면 이 서점까지 온 나를 바라보았는지는 잘 모르겠지만, 파리를 여행하는 중이라는 것이 무척 실감나는 순간이었다.

파리가 문학과 예술의 도시라는 걸 증명하는 건 부키니스트다. '세계에서 가장 긴 서점'으로 불리는 부키니스트는 센강의 산책로를 따라 펼쳐진 240개 남짓한 매대로 이루어져 있다. 센강의 오른쪽 Rive Droite은 루브르 박물관에서 퐁 마리까지, 센강의 왼쪽 Rive Gauche은 생미셸에서 오르세 미술관 근처인 볼테르 거리까지 부키니스트들이 자리 잡고 있다. 1991년에 유네스코 세계 문화유산으로 지정된 유서 깊은 서점들이다.

이곳엔 아나톨 프랑스 강변도 있다. 작가 아나톨 프랑스는 부키니스트를 열렬히 응원하는 작가였다. 그는 산책할 때마다 부키니스트

세익스피어 앤 컴퍼니

들의 매대에서 가장 안 팔리는 책을 사서 다른 부키니스트에게 건네주곤 했다고 한다. 아나톨 프랑스의 아버지 프랑수아 노엘 티보는 루브르 궁전 근처에서 고서적과 희귀 서적을 다루는 리브레리 드 프랑스를 운영했다. 아나톨 프랑스라는 필명은 아버지의 서점 이름에서 나왔다.

부키니스트는 새벽이나 밤중엔 그저 거리에 놓인 초록빛 상자일 뿐이다. 하지만 아침이 되면 마술상자처럼 오래된 책과 포스터, LP판과 기념품을 펼치는 거리의 서점이 된다. 부키니스트의 매대에서 오래된 책을 한 권 펼치는 순간, 또 다른 파리 여행이 시작된다. 파리는 이제 바로 '그 책'을 읽은 도시로 기억되는 것이다. 파리가 예술의 도시가 될 수 있었던 건 부키니스트의 영향도 컸다고 한다. 거리에 저렇게 서점이 길게 늘어서 있는데 어떻게 책의 향기를 외면할 수 있을까.

16세기부터 존재했다는 부키니스트는 1810년, 나폴레옹 1세 때부터 파리의 공인된 상점 지위를 획득했다고 한다. 부키니스트들이 반드시 지켜야 할 수칙도 있다. 지정된 자리에서만 책을 팔 수 있고, 정해

 영화 〈미드나잇 인 파리〉 O.S.T 중 'Ballad du Paris'/Francois Parisi

진 초록색 상자만을 매대로 사용해야 한다. 초록색도 파리시가 정한 기준이 있는데, 파리 시내에 있는 모리스 원기둥이나 파리 시민들을 위해 만들어놓은 왈라스 음수대와 똑같은 초록색이어야 한다. 매일 아침부터 해 지기 전까지 영업할 수 있고, 1년에 6주의 휴가와 3개월의 병가를 사용할 수 있다는 조항도 있다고 한다. 가장 중요한 수칙은 아프지 않은 이상 적어도 일주일에 4일 이상은 영업을 해야 한다는 것!

부키니스트는 헤밍웨이와 피츠제럴드의 도서관이었고, 릴케가 사랑했던 길 위의 서점이었다. 갈 곳도 많고 볼 것도 많은 파리지만, 부키니스트에서 오래된 책을 고르며 시간을 보내는 건 파리에서만 누릴 수 있는 즐거움이다.

때론 '그 여행에서 어떤 책을 읽었는가'가 여행의 느낌을 좌우하기도 한다. 그리스를 여행할 때 니코스 카찬자키스의 《모레아 기행》을 가방에 넣었던 것처럼, 프랑스를 여행할 땐 또 프랑스를 그리워하게 만들 책을 넣었다. 그때 내 여행 가방엔 베르코르의 《바다의 침묵》이라는 소설이 들어 있었다.

1942년에 출간된 《바다의 침묵》은 레지스탕스 문학의 정점에 있는 작품이다. 베르코르라는 필명으로 활동한 작가 장 마르셀 브륄레르는 나치가 프랑스를 점령하자 레지스탕스 운동에 투신했다. 그의 필명 베르코르는 남프랑스 레지스탕스의 근거지 지명에서 따온 것이다.

베르코르는 문학을 통한 반전운동을 펼치며 '심야총서' 시리즈를 발간했는데, 그 첫 작품이 바로 《바다의 침묵》이었다. 나치 장교는 자신이 '멀리 있는 공주를 사랑하듯 프랑스를 사랑한다'고 말하지만, 프랑스인 할아버지와 조카딸은 침묵으로 저항했다. 이 작품은 레지스탕스 문학의 상징으로 여겨지며 프랑스의 각 지방으로 퍼져나갔다. 타이프라이터로, 등사기로, 혹은 필사한 노트의 형태로 전달되었고, 바다 건너 영국까지 '침묵의 노트'라는 제목으로 알려졌다. 힘으로 짓밟아도 고귀한 정신은 훼손할 수 없다는 걸 보여준 명작이다. 전쟁을 배경으로 하고 있으나 전투 장면은 없고, 침묵과 침묵 사이를 흐르는 음악과 드높은 영혼이 매우 인상적인 소설이다. 문고판 얇은 책, 커피를 쏟은 얼룩까지 남은 오래된 책이 나와 함께 먼 여행을 떠났다.

이 책을 나에게 알려준 사람은 MBC FM에서 함께 심야 프로그램을 만들던 PD였다. 그는 대단한 독서가였고, 숨은 음악을 잘 찾아내는 훌륭한 PD였다. 그때 함께 만들었던 프로그램의 초대 손님 중에는 김광석도 있었다. 문고판 책 한 권을 따라 많은 기억이 떠올랐다. '오래 기억되고 싶다면 어떤 노래나 책을 권하라'는 말은 옳다. 만약 여행 가방에 읽을 책이 들어 있지 않다면 부키니스트에서 글밥이 적은 그림책을 한 권 골라봐도 좋을 것이다. 그림과 낯선 언어를 해독하다 보면, 어디서든 그림책을 펼칠 때마다 센강의 부키니스트와 파리를 만나게 될지도 모른다.

파리, 부키니스트

쓸모없음의 쓸모

부키니스트의 매대를 기웃거리다가, 파리의 아침에 감탄하다가, 네모반듯하게 가지치기한 가로수 사이를 걸어 오르세 미술관에 도착했다. 한때 오를레앙 철도의 종착역이었다는 이곳은 점점 늘어나는 철도 수요를 감당할 수 없어서 문을 닫고 말았다. 쓸모를 다한 기차역은 1987년에 미술관으로 화려하게 부활했다. 기차역이 이렇게 아름다워도 되나? 미술관이 되기 전에 기차역이었다는 사실 때문에 오르세 미술관은 올 때마다 감탄하게 된다. 미술관의 외벽엔 투르, 보르도, 리모주, 오를레앙이라는 글자가 새겨져 있다. 오를레앙 철도가 지나던 도시들을 새겨놓은 걸 이번에 비로소 알았다. 옛 추억을 이마에 새기고 있지만 오르세는 과거를 싹 잊고 빛나는 오늘을 살고 있다. 쓸모를 잃고 버려졌어도 이렇게 부활할 수 있다. 그러니 나이가 든다고, 쓸모를 다했다고, 버려졌다고 슬퍼하지 말라! 오르세가 그렇게 속삭이는 것 같다.

오르세 미술관은 19세기 후반에서 20세기 초, 특히 인상파 작품을 많이 소장하고 있다. 사진 작품들을 소장하기로 결정한 최초의 미술관이기도 해서, 사진 역사의 초창기 대표작들이 이곳에 대거 소장되어 있다.

오르세 미술관의 전시품을 모두 다 볼 수는 없을 테니 평소에 보

오르세 미술관

고 싶었던 작품들을 찾아 띄엄띄엄 전시실을 찾는다. 밀레부터 드가의 그림까지 감상하던 도중에 작곡가 쇼팽과 화가 들라크루아의 초상이 나란히 걸린 전시실을 봤다. 쇼팽은 왜 조르주 상드가 아니라 들라크루아와 나란히 걸려 있었을까? 조르주 상드의 증언에 의하면 쇼팽과 들라크루아는 마치 쌍둥이처럼 영혼이 닮은 친구였다고 한다. 전시실에 걸린 그림은 저마다 그 자리에 걸린 이유가 있는 것이다. 옆자리에 걸린 그림을 생각하다 보니 문득 〈모나리자〉가 걸린 루브르의 전시실이 생각난다. 세상에서 가장 불쌍한 그림은 〈모나리자〉의 양쪽 옆에 걸린 그림, 〈모나리자〉와 같은 전시실에 걸린 그림이라던 말. 아무도 눈길을 주지 않았을 그 그림들 생각을 하니 마음이 짠하다. 나 역시도 〈모나리자〉 옆에 걸린 그림에 눈길 한 번 준 적 없는 몹쓸 관람자였다는 뒤늦은 반성!

1층이나 2층 전시실에서 시간을 보내는 분들이 많지만, 사실 오르세의 진짜 매력은 5층에 몰려 있다. 〈별이 빛나는 밤〉과 〈자화상〉, 〈아를의 노란 방〉, 〈가셰 박사의 초상〉, 〈밤의 카페 테라스〉 같은 고흐의 걸작은 모두 5층에서 만날 수 있다. 무엇보다 나의 발걸음을 붙든 그림은 바로 〈오베르 성당〉. 오베르 쉬르 우아즈에서 보았던 바로 그 성당을 오르세의 5층에서 만났다. 런던의 내셔널 갤러리에서 고흐의 〈해바라기〉를 보았을 때도 느꼈지만, 고흐의 작품은 실물로 보아야만 헤아릴 수 있는 무엇이 있다. 켜켜이 쌓인 물감과 붓 자국이 영혼의 단층 같아서 울컥해진다. 그 느낌을 인쇄된 그림으로 경험할 수 있을까? '그알못'이지만 고흐의 처연한 붓질만큼은 알아볼 수 있을 것 같다.

오르세의 5층에서는 모네와 마네, 드가, 르누아르의 작품도 볼 수 있다. 5층에서만 일주일쯤 보내고 싶다는 생각이 들었다. 오르세의 5층이 좋은 이유가 또 있다. 그곳의 카페와 거대한 시계 앞에서 찍은 사진에는 다른 장소에서는 얻기 어려운 감성이 담기기 때문이다. 오르세 시계 카페라고 불리기도 하는 카페 캄파나에서는 가벼운 식사와 커피를 즐길 수 있다. 카페의 천장에 매달린 황금빛 전등갓과 창가에 있는 거대한 시계가 심상찮은 분위기를 만든다. 음식도 나쁘지 않았다. 오르세의 거대한 시계는 카페 반대편 창문에도 있다. 사람들은 시계를 배경으로 사진을 찍기 위해 줄을 서 있다. 시계 너머로는 몽마르트르 언덕까지 탁 트인 풍경이 펼쳐져 있는데 그걸 감상할 여유는 없다. 다음 사람이 기다리고 있으니. 시계 앞에서 한참 시간을 보낼 수도 있었던 예전의 오르세가 그립다.

오랑주리, 수련으로 아픔을 치유할 수 있다면

오르세 미술관을 나와 센강을 건너면 튈르리 정원이 나온다. 튈르리 정원 오른쪽은 루브르, 왼쪽은 오랑주리, 그리고 등 뒤로는 유서

오르세 미술관, 5층 카페와 거대한 시계

깊은 극장 코메디 프랑세즈가 있다. 2024 파리 올림픽의 성화가 떠오른 자리였던 튈르리 정원은 예전부터 파리 시민들의 휴식처이자 힙한 일들이 일어나는 현장이었다. 파리 올림픽 성화가 튈르리 정원에서 열기구에 실려 떠오른 건 이곳에서 최초의 열기구 실험이 진행되었기 때문이다.

오랑주리 미술관은 원래 튈르리 궁전의 별채였다. 오렌지 나무를 보호하는 온실이었던 이곳은 1927년에 오랑주리 미술관이 되었다. 오로지 모네의 〈수련〉 연작을 전시하기 위한 미술관이었다. 모네는 〈수련〉 연작 중에서 직접 고른 작품 여덟 점을 국가에 기증했다. '세계 대전이 남긴 아픔을 자신의 그림이 조금이라도 치유할 수 있기를 바란다'는 뜻을 담아 기증했다고 한다. 드디어 지베르니에서 보았던 수련을 오랑주리에서 만날 순간이 왔다. 이번 여행의 묘미는 이거지. 노르망디에서 그림이 잉태된 현장을 보고, 파리의 미술관에서 작품으로 다시 만나는 여행! 오랑주리 미술관은 은은하고 특별했다. 타원형의 전시실에 걸린 모네의 〈수련〉은 기대를 뛰어넘는 대작이었고, 서로 다른 세 작품이 마치 하나인 듯 연결되어 있었다. 전시실 천장은 자연광을 끌어들일 수 있도록 설계되어서 하루 종일 수련이 핀 연못에서 지내는 느낌이 들었다.

전시실의 중간에는 타원형의 의자가 있다. 당연히 이 전시실엔 의자가 있어야 한다. 오래 바라보아야 하는 곳이니까. 나도 그 의자에 앉아 공간을 가득 채운 수련을 오래 바라보았다. 수련이 핀 연못은 어느 곳에선 푸른빛이었고, 어느 모퉁이에선 초록빛이었고, 또 어떤 장면엔 보랏빛이 은은했다. 오래 바라보고 있으니 지베르니의 연못을 유영하는 판타지 세상에 온 느낌도 들었다. 루브르나 오르세에선 늘 더 많은 작품을 보고 싶다는 생각이 들었다. 오랑주리에서는 한자리에 가만히 앉아 수련을 품은 물빛이 햇살에 따라 조금씩 변해가는 걸 오래 바라보고 싶었다.

셀러브리티들의 위대한 집, 로댕 미술관

오랑주리를 지나 알렉상드르 3세 다리를 건너 앵발리드 옆 로댕 미술관을 향해 걸었다. 로댕 미술관은 원래 비롱관이라고 불리던 옛 귀족의 저택이었다. 로댕은 1904년부터 이곳에 머물면서 작품 활동을 했는데, 로댕에게 비롱관을 소개한 사람은 시인 라이너 마리아 릴케였다. 릴케의 아내 클라라 베스토프는 조각가이자 로댕의 제자였는데,

 Rameau, 'The Arts and the Hours'/Vikingur Olafsson (피아노)

그녀가 먼저 이 집을 찾아내서 릴케에게 알렸다고 한다. 릴케는 한동 안 로댕의 비서로 일하며 파리에 머물렀다. 릴케는 장르를 초월한 예 술적 태도를 로댕에게서 배웠다고 말했다.

비롱관에는 로댕과 릴케만이 아니라 무용가 이사도라 덩컨, 시인 장 콕토, 화가 앙리 마티스가 함께 머물기도 했다. 이 위대한 예술가들 을 동시에 품어준 집이 있었다는 건 놀라운 일이다. 지금도 세상 곳곳 에는 예술가의 흔적이 남은 집들이 있지만 로댕 미술관처럼 동시대의 위대한 예술가들을 한꺼번에 품었던 집을 만나기는 쉽지 않다. 19세기 초, 파리시가 비롱관을 허물고 새로운 도시계획을 추진하려고 하자 로 댕은 자신의 모든 작품을 기증하는 조건으로 이 건물을 지켰다. 로댕 은 이 아름다운 건물에 자신의 이름을 붙일 자격이 충분하다.

미술관의 문을 열고 들어서면 유리 상자 속에 들어 있는 〈꽃 모 자를 쓴 젊은 여인〉이 보인다. 이 아름다운 여인은 누구일까? 웃지 않 는 그녀, 조각상의 주인공은 로댕의 아내, 로즈 뵈레다. 평생 로댕을 위 해 헌신했으나 그늘처럼 존재했던 여인, 죽기 2주일 전에야 로댕과 결 혼할 수 있었던 여인이다. 로댕 미술관엔 조각 작품만이 아니라 로댕의 그림도 전시되어 있다. 또 고흐의 〈탕기 영감〉을 비롯해서 모네의 작품 에 이르기까지 로댕이 수집한 그림도 전시되어 있고, 다른 조각가들의 작품도 만날 수 있다. 로댕의 조각은 하나하나 너무 생생해서, 마치 살 아 있는 사람들이 미술관을 채우고 있는 것 같다. 실핏줄이 튀어나올 것 같은 작품들, 그의 지독한 작업에 고개를 절레절레 흔들게 된다.

　카미유 클로델도 로댕 미술관에 당당히 전시실을 갖고 있다. 카미유 클로델의 작품 중에 대리석으로 만든 〈파도〉라는 작품이 눈길을 끈다. 금방이라도 부서질 것처럼 솟구친 파도 위에서 세 사람이 손을 잡고 있다. 손을 잡은 세 사람도 아슬아슬하고, 솟구친 파도도 아슬아슬하다. 카미유 클로델과 로댕의 이야기를 조금은 알고 있으니 〈파도〉라는 작품이 예사롭지 않게 보인다. 카미유 클로델은 재능이 넘치는 조각가였다. 그녀는 로댕이 자신의 재능을 질투했다고 말했다. 그녀가 로댕을 사랑하지 않았더라면 얼마나 좋았을까? 역사엔 if가 없다는 걸 알면서도 그런 생각을 해본다. 예술가의 작품엔 그들의 삶이 담기는 법. 로댕과 카미유 클로델은 전시실에 그들의 격정을 풀어놓았고, 로즈 뵈레는 꽃 모자를 썼으나 웃지 않는다. 로댕 미술관은 그 자체로 한 편의 드라마다.

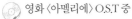 영화 〈카미유 클로델〉/Bruno Nuytten 감독, 1988년

 영화 〈아멜리에〉 O.S.T 중
　'Comptine d'un autre été, l'après-midi'/Yann Tiersen

영화 〈미드나잇 인 파리〉에도 로댕 미술관이 등장한다. 영화 속에선 주인공 '길'과 그의 약혼녀가 얼마나 다른 취향을 지녔는지를 선명하게 보여주는 장소로 등장했다. 그들의 결별을 암시하는 장소가 로댕 미술관이라는 것이 흥미롭다.

로댕 미술관은 정원 자체가 또 하나의 거대한 미술관이다. 정원수 사이에는 〈생각하는 사람〉, 〈칼레의 시민〉, 〈지옥의 문〉 그리고 파리를 떠들썩하게 만들었던 문제의 그 '발자크' 동상도 있다. 미술관의 내부 만큼이나 아름다운 정원도 산책하고, 카페에서 시간도 보낸 뒤에야 비로소 이 미술관에서 느낀 벅찬 감정들을 어느 정도 소화할 수 있었다. 비롱관에서 영원히 동거 중인 로댕과 로즈 뵈레와 카미유 클로델을 생각하면 어떤 사랑은 참 가혹하기도 하지, 그런 생각이 절로 든다.

헤밍웨이 루트

파리는 산책하듯 걷는 것이 가장 좋다. 산책은 어느 곳에서든 시작할 수 있지만, 그래도 파리에서 뭔가 이야기가 있는 루트를 걷고 싶다면 라탱 지구에 있는 헤밍웨이의 집에서 시작해보는 것도 좋다. 그의 집이 있는 골목, 그 길모퉁이의 카페엔 파리의 정취가 짙게 배어 있다. 1921년 12월에 미국 작가 셔우드 앤더슨의 소개장을 들고 파리에 온 헤밍웨이는 팡테옹에서 5분 정도 거리에 있는 라탱 지구의 카르디날

파리, 로댕 미술관과 발자크 동상

르무안 74번지에 집을 얻었다. 지금은 개인이 살고 있어 내부를 볼 수는 없지만, 외벽에는 헤밍웨이가 이 집에서 머물렀다는 안내판이 붙어 있다.

파리의 매력은 골목길에 있다. 헤밍웨이의 집에서 팡테옹 쪽으로 걷는 골목길도 그렇다. 햇살 좋은 오후를 노천카페에 앉아 마음껏 누리는 사람들이 보기 좋고, 낡은 벽에 푸른 나무와 시를 그려 넣은 집도 아름답다. 골목길을 걷다가 팡테옹을 지나고, 소르본느 앞 고서점과 카페에서 또 근사한 시간을 보낼 수 있다.

파리에 처음 왔을 때 헤밍웨이는 무명의 작가였고, 신문사 특파원이라는 거창한 직함과 달리 너무나 가난했다. 아내와 아들과 자신의 점심까지 다 해결하기 어려운 날도 많았다. 그런 날이면 점심 약속이 있다며 집을 나와 팡테옹과 소르본느를 지나 뤽상부르 공원까지 걸었다. 뤽상부르는 헤밍웨이의 배고픈 집필실이었다. 점심시간이 끝날 무렵이면 헤밍웨이는 음식 냄새가 나지 않는 골목을 택해서 셰익스피어 앤 컴퍼니를 향해 걸었다고 한다. 그러면 눈치 빠른 서점 주인 실비아 비치는 헤밍웨이에게 샌드위치와 커피를 내어주었다지. 젊고 가난했던 헤밍웨이의 산책길을 따라 걸어보니 초창기 그의 작품이 왜 그렇게 반짝였는지 알 것 같다.

작곡가 에릭 사티가 사랑했던 여인 수잔 발라동의 전기에도 뤽상

파리, 헤밍웨이의 집

부르 공원 이야기가 나온다. 수잔 발라동은 서커스단의 곡예사였다가 르누아르와 퓌비 드 샤반의 모델이 되었다. 로트렉의 연인이었고, 에릭 사티의 유일한 뮤즈였으며, 드가의 제자이기도 했다. 20세기 초반, 여성 화가로서 특별한 지위를 획득한 입지전적인 인물이다. 서커스단에서 공중그네를 타던 수잔 발라동은 그네에서 떨어져서 다친 적이 있었다. 서커스단에서도 쫓겨나 살아갈 일이 막막하던 그때, 수잔 발라동은 처음으로 한낮에 뤽상부르 공원을 찾아왔었다고 한다. 공원에서 아무 일도 하지 않고 보낸 그 반나절은 그녀가 인생에서 최초로 누린 자유롭고 달콤한 시간이었다. 화가가 되고 싶다는 꿈을 꾼 것도 바로 그 순간이었다고 한다. 너무 한낮의 뤽상부르, 그녀의 것이면서도 그녀의 것은 아니었던 인생을 그녀에게 돌려준 멋진 공원이었다.

뤽상부르 공원에는 공짜로 얻기엔 너무나 소중한 것들이 있었다. 분수대 가장자리에 놓인 철제 의자에 앉아 걷느라 피곤했던 다리도 좀 쉬고, 가방 속에 든 베르코르의 책도 마저 읽었다. 파리의 가을이, 파리의 아름다움이 내 것인 듯 충만하게 들어찼다. 파리에는, 내 것이 아닌

 Revoir Paris (다시 찾은 파리)/Charles Trenet

데도 내 것이 되어준 장소가 정말 많았다. 뤽상부르처럼.

　엄밀히 말하면 파리에 소르본느 대학은 없다. 68년 5월의 학생 혁명 이후로 파리의 대학들은 고유의 이름 대신 숫자를 붙이게 되었고, 대학입학 자격시험인 바칼로레아를 통과하면 누구나 대학에 갈 수 있게 되었다. 그래서 소르본느는 파리 4대학이 되었다. 하지만 여전히 파리 4대학 건물에는 'Sorbonne'라는 글자가 선명하게 새겨져 있다. 따로 대학 캠퍼스라는 울타리를 만든 것은 아니지만, 고풍스러운 건물들이 모여 한 지역을 이루고 있다. 그런데 소르본느의 화려한 대강당과 150만 권의 장서를 소장한 도서관, 소르본느 성당은 미리 예약을 해야만 볼 수 있다는 걸 몰랐다. 아쉬운 마음을 소르본느 앞 노천카페와 고서점에서 달랬다. 카페에서 자유롭게 토론하는 학생들, 무언가를 열심히 쓰고 있는 사람들, 은발의 노인들이 책을 읽는 모습을 보면서 소르본느라는 이름으로 담아두었던 퍼즐이 완성되는 것을 느꼈다. 카페에서 공부하는 학생들 사이에서 책을 읽고 글을 쓰는 나이 지긋한 사람들, 그 모습이 나의 미래가 된다면 좋겠다는 생각을 했다.

　소르본느는 가난한 16명의 학생을 위해 세워진 학교였다. '가난한'이라는 말이 이곳에선 왜 찬란하게 느껴질까? 어떤 사람이나 어떤 일을 정말 좋아하는지 알아보려면 그 앞에 가난한이라는 형용사를 붙여보면 된다. 가난한 애인, 가난한 학생, 가난한 작가, 가난한 연구자,

파리, 소르본느 카페

가난한 여행자. 소르본느에서 떠올려보는 가난한이라는 말이 좋았다. 정말 소중한 것이 무엇인지 명확하게 보여주는 리트머스 시험지 같아서.

내일이면 파리를 떠나야 하니까

드디어 그날이 왔다! 파리에선 각자 마음 가는 대로 여행을 하기로 했지만, 딱 한 곳만큼은 모두 함께 가기로 약속했었다. 여행의 마지막 날 저녁은 파리 최초의 카페 르 프로코프에서! 각자의 파리를 즐기던 사람들이 한자리에 모였다. 여행의 마지막 날이라고 나름대로 신경 쓴 차림으로 호텔 로비에 모였다. 호텔에서 생제르맹 거리의 르 프로코프까지는 걸어서 10분이면 충분했다. 이미 3개월 전에 예약한 르 프로코프를 찾아가는 길. 일찍 찾아온 어둠, 몽환적인 가로등 불빛, 적당히 쌀쌀한 온도, 럼주가 들어간 케이크에서 나는 달콤한 향 같은 것이 생제르맹 거리를 떠돌고 있었다. 우리는 '천천히 걷기 대회'에 나온 사람들처럼 걸었다. 내일이면 파리를 떠나야 하니까.

파리 최초의 카페, 이제는 레스토랑이 된 르 프로코프에 들어섰다. 쇼팽의 살롱이었고, 볼테르의 집필실이었으며 젊은 장교 나폴레옹이 자주 드나들었던 곳이다. 카페 안으로 들어서니 액자 하나가 눈에 먼저 들어왔다. 디드로, 몰리에르, 볼테르, 루소, 프랭클린, 로베스피

에르, 당통의 초상이 한꺼번에 들어 있는 액자, 르 프로코프의 역사를
하나로 요약해 놓은 초대장 같았다. 1층의 붉은 벽엔 철학자와 예술가
들의 초상이 둥근 액자에 담겨 있다. 볼테르가 '나의 집필실'이라고 불
렀다는 테이블도 있었다. 손님들이 있어 제대로 다가가 볼 수는 없었
지만, 그래도 좋았다. 볼테르는 종일 이곳에 앉아서 스무 잔이 넘는 커
피를 마시면서 글을 쓰고 토론을 했다지. 볼테르를 비롯한 계몽주의
철학자들이 이곳을 그토록 사랑한 이유는 뭘까? '혁명의 대학'이라 불
렸고, '파리의 진정한 신문'이라고도 불렸다는 르 프로코프의 곳곳을
유심히 보았다.

　　우리의 테이블은 1층의 가장 안쪽에 있었다. 누군가의 서재거나
응접실 같은 공간이었다. 책장 앞에 앉은 사람들은 마치 혁명을 논의
하는 19세기 중반 사람들처럼 보였다. 우리가 행복했기 때문인지 모든
테이블의 사람들이 즐거워 보였다. 하긴 르 프로코프에서만 그런 건
아니겠지. 세상 어느 곳이든 저녁의 레스토랑엔 행복한 사람들이 있을
확률이 높겠지. 르 프로코프의 메뉴판에서 낯선 메뉴들을 하나씩 살펴
보았다. 이곳의 대표 요리는 '송아지 머리 요리'라고 했다. 인간은 정
말 별걸 다 먹는다. 식욕보다는 탐구욕이 더 생기던 르 프로코프에서
나는 가장 덜 무거운 요리를 시켰다. 그 요리의 이름이 무엇이었는지
는 기억이 나지 않는다. 디저트로 주문한 크렘 브륄레는 명성에 걸맞

게 맛있었다. 유명한 레스토랑은 맛이 실망스러운 경우가 많다는데 르 프로코프는 그렇지 않았다. 파리의 레스토랑 중엔 은근히 또는 대놓고 인종차별을 하는 곳도 있다는데 르 프로코프는 더없이 정중했다. 유창한 프랑스어를 구사하는 B교수 덕분이었는지도 모르겠다.

르 프로코프의 2층으로 올라가는 계단에는 나폴레옹의 모자가 전시되어 있다. 젊은 날 르 프로코프를 자주 찾았다는 나폴레옹은 어느 날 돈이 부족해서 모자를 대신 맡겼다는데, 그 모자가 지금은 이곳의 보물이 되었다. 2층에는 초창기에 사용했던 커피잔과 크리스탈 잔, 위대한 예술가들의 초상화와 그들이 사용한 소품들이 전시되어 있다. 특별한 인물에게 헌정된 장소들도 있었다. 볼테르만큼이나 르 프로코프를 좋아했다는 쇼팽을 추억하는 살롱 프레데릭 쇼팽도 있고, 라파예트 장군의 살롱 라파예트도 있다. 디드로와 달랑베르가 '백과전서'를 구상했다는 살롱 드니 디드로도 있다. 모든 것이 담론의 대상이었던 르 프로코프의 분위기는 이들이 백과사전을 만드는 데 큰 영감을 주었다고 한다.

여섯 개의 잔에 와인이 채워졌다. 여행의 순간을 유쾌하게 즐긴 여섯 사람이 잔을 들어 건배했다. '가을, 노르망디'를 툭 던지며 우리를 유혹했던 B교수에게 진심으로 고맙다고 인사했다. 기꺼이 가이드가 되고 통역이 되어 봉사한 그가 있어서 편안했고, 우리를 10분 간격으로 웃게 해준 그의 아내이자 나의 후배 방송 작가가 있어서 늘 유쾌했다.

낯선 요리들이 등장했고, 우리는 천천히 파리에서의 마지막 저녁 식사를 즐겼다. 이 식사를 마치고 카페의 문을 열고 나서면 생제르맹 거리에는 19세기의 어느 저녁이 펼쳐져 있을 것만 같았다.

마침표는 카페 '레 되 마고'에서

파리 6구, 생제르맹 데프레 대성당 건너편에는 유서 깊은 카페들이 줄지어 있다. 카페 드 플로르Cafe de Flore와 레 되 마고Les Deux Magots도 나란히 있다. 'Les Deux Magots'는 두 개의 인형이라는 뜻이다. 이곳은 원래 중국에서 가져온 실크를 팔던 가게였는데, 카페로 개조할 때 기둥에 있던 두 개의 인형을 그대로 남겨놓아서 카페 이름이 레 되 마고가 되었다.

오래전부터 해보고 싶던 일이 있었다. 파리의 카페에서 아침을 보내는 것. 그 카페는 레 되 마고여야 하고, 저녁이 아니라 꼭 이른 아침이어야 하고, 손에는 펭귄 문고의 얇은 책이나 신문이 쥐어져 있어

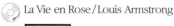
La Vie en Rose / Louis Armstrong

야 한다. 왜 그랬는지는 모르겠지만 대학 시절부터 그런 장면을 꿈꾸었다. 예전에 파리에 왔을 땐 그럴 기회가 주어지지 않았다. 하지만 나는 다시 파리에 왔고, 지금은 파리에서 맞이하는 마지막 아침이고, 레 되 마고는 호텔에서 걸어서 15분 정도 거리에 있었다.

남편과 나는 호텔 조식 대신 '레 되 마고의 아침'을 선택했다. 선선한 파리의 아침 공기를 마시며, 어젯밤과는 달리 경쾌하게 생제르맹 거리를 걸었다. 약간 쌀쌀해서 걷기에 정말 좋았다. 아침 8시 전이었는데도 카페의 문은 열려 있었고 손님도 제법 있었다. 이 카페를 문학과 철학의 성지로 만든 예술가들의 사진이 벽을 따라 걸려 있었다. 군복을 입은 헤밍웨이, 피카소, 앙드레 말로, 알베르 까뮈, 생 텍쥐페리, 그리고 아르헨티나의 작가 호르헤 루이스 보르헤스까지, 빛나는 지성들이 사랑한 카페라는 것이 실감났다.

커피와 크루아상을 주문했다. 이 카페는 커피를 내는 방식이 특이했다. 빈 커피잔과 'Les Deux Magots'를 새긴 초콜릿 하나, 붉은 도자기 포트에 담긴 커피와 따로 담겨 나온 휘핑크림이 은빛 쟁반 위에 올려져 있었다. 커피와 휘핑크림과 크루아상이 있는 파리의 아침, 그것만으로도 좋았다. 몇 개의 테이블 건너에 혼자 앉아서 신문을 읽고 있는 여성이 보였다. 검은 안경을 쓴 그녀는 깐깐해 보이는 표정으로 신문을 읽고 있었다. 딱 저런 모습을 한 사람이 카페 안에 있기를 바랐다. 출근길에 카페에 들러서 가벼운 아침을 먹으며 책을 읽고 지성

생제르맹의 카페 레 되 마고

을 충전하는 사람들, 나는 그들 틈에 섞여 앉아 파리의 아침이 시작되는 걸 보고 싶었다. 레 되 마고에서 보낸 아침은 여행의 근사한 마침표가 되어주었다.

 영화 〈미드나잇 인 파리〉 O.S.T 중 'Parlez-moi d'amour'/Dana Boule (아코디언)

03
펠로폰네소스

익숙하지만 낯선, 그래서 특별한

열 번째
체크인

　이 여행은 떠나지 못할 뻔했다. 나에게 어떤 일이 생겼기 때문이다. 일주일 전까지도 최종 결정을 하지 못했다. 두 사람만 갈 것인가, 아니면 모두 가지 않을 것인가, 혹은 내가 극적으로 합류하게 될 것인가. 우여곡절 끝에 간신히 여행을 떠날 수 있었다. 사실 여행할 마음의 여유도 없었고, 여행의 기대나 기쁨도 없이 떠났다. 그러나 내게 힘든 일이 있을 줄 미리 알고 정한 것처럼 펠로폰네소스는 나를 깊이 위로해 주었다. 내가 영성 깊은 사람이었다면 이 여행을 '은총'이라고 불렀을지도 모른다.

펠로폰네소스, 어른의 여행

펠로폰네소스 여행은 어른의 여행이었다. 두근거리는 순간도 있었지만, 그보다는 가슴 먹먹해지는 순간이 더 많았다. 말이 필요 없었고, 그냥 풍경 속에서 고요히 지내는 것으로 충분했다. 마치 회고록을 쓰기 위해 떠난 여행 같았다. 마음껏 외로워할 시간이 필요하다면, 풍경이 나를 한없이 위로해 주는 곳이 필요하다면, 울지 않아도 운 것 같은 마음의 상태에 이르고 싶다면 펠로폰네소스 여행이 제격이다. 물론 '여행, 어디까지 가봤니?'라고 우아하게 자랑하고 싶을 때도 펠로폰네소스 여행이 제격일 것이다. 누가 이렇게 아무것도 없는 곳으로 여행을 떠나겠는가? 누가 라푼젤도 아닌데 탑에서 잠드는 여행을 떠나겠는가!

시칠리아 여행을 함께했던 세 사람이 다시 모였다. 이번 여행엔 탑에서 나흘을 묵는다고 친구1이 말했다. 탑? 종탑이나 감시탑 같은 그런 탑? 시칠리아에서 경험한 '카스텔몰라의 귀곡산장'이 별난 숙소의 끝판왕인 줄 알았는데 그게 아니었나 보다. 이번엔 그리스의 펠로폰네소스 지역으로 간다. 펠로폰네소스에서도 마니라는 지역은 1970년대까지도 육로가 없어서 배를 타고 들어갔던 곳이었다. 세계사 시간에 펠로폰네소스 전쟁에 대해서 배우긴 했지만, 아테네와 스파르타가 싸웠다는 사실만 희미하게 기억할 뿐 다른 건 대부분 잊었다. 펠로폰네소스에서도 끝자락인 마니 지역은 왠지 해적들이 출몰하고, 거인들이 살던 곳일 것 같았다. 음, 우리 취향에 딱 좋아. 그런데 탑에서 자는 건 좀…… 하지만 이의를 제기하진 않았다. 그만큼 서로에 대한 신뢰가 깊어서 탑 문제를 내색하지 않았다. 갑갑한 공간을 싫어하지만, 어쩌면 펠로폰네소스의 탑은 내가 생각한 탑과 다를 수도 있겠지. 그것 역시 특별한 경험이 될 수도 있을 거야. 내가 늘 믿는 그 말, '안 좋은 추억은 있어도 안 좋은 경험은 없다'는 말을 다시 한번 믿어보기로 했다.

펠로폰네소스 여행을 위한 첫 모임을 마쳤다. 숙소는 역시 친구1이, 아테네로 가는 비행기 티켓을 언제 가성비 좋게 구할 수 있는지 탐색하는 건 친구2가, 그리고 렌터카 예약은 내가 맡았다. 시칠리아와 달리 이번에는 아주 작은 차는 아니어도 된다고 했다. 아테네에서 네 시간 넘게 걸리는 곳이 첫 목적지라 단단하고 편한 차를 선택하기로 했다. 여행을 떠날 때까지 우리는 두 번 정도 더 모였다. 각자의 일이 바쁘기도 했고, 특별히 만나서 의논할 일이 많지 않았다. 필요한 일이 있으면 그때그때 메시지나 메일로 주고받았지만, 그럴 일도 별로 없었다. 함께 여행을 가는데 뭐 이렇게 재미없는 팀이 다 있나 싶지만, 우리는 그래서 함께 여행할 수 있었다.

아테네 공항에 두 번째 내리는데, 지난번처럼 역시 기분이 이상했다. 아테네 공항은 유독 삭막하다. 초록빛 산은 거의 없고 잿빛 토양

에 나무가 띄엄띄엄 있거나 아예 민둥산인 경우도 있다. 산불 때문인
가? 아니면 그리스의 경제 상태 때문인가? 옛 문명의 발상지치고 지금
까지 부유한 나라가 별로 없다는데, 아테네의 첫인상이 딱 그랬다. 아
테네는 각자 다녀간 적이 있으므로 패스! 렌터카를 무사히 받고 세 개
의 여행 가방을 실은 뒤 우리는 모넴바시아를 향해 출발했다. 네 시간
이상 걸리는 먼 길이었다. 시칠리아와는 또 다른 황량함이 이어졌다.
민둥산처럼 보이는 산들이 끊임없이 나타났다 사라졌다. 부드러운 토
스카나, 나무들 울창했던 나폴리와 소렌토, 드넓고 푸르던 노르망디,
눈부신 산토리니, 아기자기한 유럽의 마을들과는 너무나 다른 풍경이
었다. 이번에는 내가 운전하지 않아도 괜찮았다. 시칠리아처럼 꼬불꼬

불한 골목길은 없으니 심하게 멀미할 일이 없었기 때문이다. 친구2도 나처럼 운전할 때 여행을 실감하는 스타일이니 그에게 운전을 맡겼다. 그는 천천히, 부드럽게 차를 몰았고, 나도 천천히 여행에 스며들었다. 음악을 들으며 네 시간쯤 달렸을 때 왼쪽으로 모자처럼 생긴 바위산이 보였다. 드디어 모넴바시아에 도착했다.

모넴바시아, 매혹

독특하고 뭔가 울림이 있는 지명을 알게 되면 마음이 흔들린다. 예전부터 가진 기분 좋은 약점이자 일종의 직업병이다. 어떤 원고를 써야 하나, 막막한 상황에 부딪칠 땐 매혹적인 지명 이야기로 풀어나 갈 때가 많았다. 펠로폰네소스 지도에서 모넴바시아를 발견했을 때 그 이름에 먼저 반했었다. 왠지 근사한 내력이 있을 것 같았다. 이 마을엔 이름보다 더 매혹적인 것이 많았다. 1970년까지는 섬이었다가 지금은 다리가 놓여 육지가 된 곳이다. 10초면 건널 수 있는 다리를 건너서 마

 The End of August/Yanni

을 입구인 성문 앞까지 갔다. 성문 밖에 세워놓은 차들이 생각보다 많았다. 그럴 수밖에 없다. 이 마을엔 누구도 차를 가지고 들어갈 수 없다. 이탈리아의 소도시 중에도 차를 가지고 들어갈 수 없는 마을이 많지만, 꼭 필요한 일이 있거나 비상시엔 차를 가지고 들어갈 수도 있었다. 하지만 모넴바시아는 어떤 경우에도 불가능하다.

모넴바시아는 마을의 끝에서 끝까지의 길이가 350미터 밖에 되지 않는다고 한다. 차를 타고 오면서 본 바위산 너비의 3분의 1 정도가 마을의 전부였다. 그 밖에도 모넴바시아엔 매혹적인 것이 많았다. 요즘 그리스 사람들이 가장 선호하는 신혼여행지가 모넴바시아라는 것도 금방 이해되었다. 그러고 보면 여행은 처음부터 끝까지 매혹의 연속이다. 끌리지 않고, 매혹되지 않고 어떻게 여행을 떠날 수 있을까? 떠나고 싶은 이유가 열이면 떠나지 못하게 발을 잡는 이유는 백 개도 넘는데.

모넴바시아Monemvasia는 '하나'라는 뜻을 가진 Moni와 '출구'를 의미하는 Emvasis가 합쳐진 것, '하나밖에 없는 출구'라는 뜻이다. 좁은 성문을 지나야만 마을로 들어갈 수 있는데, 옛날 그대로의 성문이고 옛날 그대로의 마을 길이다. 여행자들은 성문 밖에 차를 세우고 트렁크를 가지고 걸어서 마을로 들어간다. 예외 없이, 참 공평한 마을이다. 모넴바시아 성문 앞엔 사람이 많았다. 여행자를 맞이하러 나온 숙소의 주인들이 성문 근처에 모여 있었다. 성문 안쪽에는 공사할 때 쓰는 외바퀴 수레가 여러 대 있었는데, 거기에 여행 가방을 실어 숙소까지 가져다주었다. 모든 숙소가 다 그런지는 모르겠으나 마을의 가장 안쪽에 들어 있던 우리 숙소의 주인은 그랬다. 눈빛이 너무나 맑은 여주인이 성문 앞에 나와 있었다. 그녀는 성문 안쪽에 놓아둔 손수레에 여행 가방을 올려놓으라고 했다. 왠지 여행 가방을 올려놓기가 망설여졌다. 그때 근처에 있던 한 남자가 일어섰다. 그녀가 아니라 자기가 이 손수레를 가지고 갈 거라고, 몸짓으로 그렇게 표현했다. 그렇다면야 뭐! 우리는 여행 가방을 손수레에 얹었다. 기내에 들어가는 작은 여행 가방은 언제나 옳다. 외바퀴 손수레에 얹기에 덜 미안해서 다행이었다.

모넴바시아는 모자처럼 생긴 바위 절벽이 뒤에 버티고 있는 섬이고, 육지와는 1971년에 만들어진 다리로 연결되어 있다. 6세기 무렵에 형성되었고, 비잔틴 제국의 지배를 받았을 때 번성했다고 한다. 니코스 카잔차키스의 여행기에는, '프랑크 왕국이 펠로폰네소스의 모든 곳을 점령했어도 모넴바시아만큼은 점령하지 못했다'는 대목이 있다. 그만큼 철저하게 봉쇄가 가능한 곳이다. 여전히 중세의 그 모습 그대로 남아 있는 귀한 마을이다. 손수레에 실린 여행 가방이 앞장서고 우리는 그 뒤를 따라 걸었다. 오후의 햇살이 내려앉아 안 그래도 신비로운 마을 이곳저곳을 비춰주었다. 마치 그랜드 투어 시대의 여행자가 된 것 같았다.

모넴바시아 성문

　　모든 것을 자연 그대로 내버려두어 한 500년쯤 풍화되면 이 마을
의 빛깔이 나올까? 빛바랜 벽돌과 기와, 거친 돌이 빚어내는 모넴바시
아의 풍경은 어디에서도 본 적 없는 독특한 것이었다. 쨍하고 선명한
색이라고는 거의 없는 이 마을은 어쩌면 이렇게 평화로운지. 거친 바
위산과 성벽과 낡은 집과 파도뿐인데도. 왼쪽엔 절벽을 이루는 바위
산, 오른쪽엔 에게해, 그 사이에 있는 골목을 따라 그리스 전통 음식을
파는 식당과 카페, 아기자기한 상점이 이어졌다. 바다를 끼고 있는 전
망 좋은 카페도 있고, 바위산과 바다 사이에 앉아 저녁을 먹을 수 있는
황홀한 식당도 있었다. 마을 중간에는 바다를 향해 난 작은 광장이 있
는데, 종탑과 키 작은 나무 세 그루와 세 개의 대포가 광장을 지키고 있
었다.

　　모넴바시아의 집들은, 집이라기보다는 요새처럼 보였다. '소박하
면서도 단단하고, 동시에 충만한 집 한 채'라는 느낌이 들었다. 바위산
에서 바다를 향해 펼쳐진 집들을 모세혈관처럼 이어주는 골목길 정취
도 좋았다. 어느 골목에나 바다로 내려가는 길이 있었고, 바다 쪽으로
끝까지 걸어가면 비잔틴 양식의 새하얗고 둥근 교회가 나타났다. 그
교회 뒤편으로 바위산으로 올라가는 가파른 성벽 길이 펼쳐졌다. 이
마을엔 쭉 뻗은 직선 같은 건 없다. 구불구불한 골목길뿐이라서 저 둥
근 모퉁이 뒤에 뭐가 있는지 모른다. 첫날엔 저녁의 골목길이 좀 스산
한 느낌이었지만, 금방 정들었고 금방 이 '낡음'에 물들어 버렸다. 밥을

먹으러 가느라 이 골목길을 한 번 왕복하고 나니 금방 정다운 모넴바 시아가 되어버렸다.

모넴바시아를 지키는 천연 성벽, 가파른 바위산 꼭대기에는 비잔틴 시대의 유물인 아기아 소피아 교회가 있다. 프랑크족이 펠로폰네소스를 침략해서 거의 모든 곳을 휩쓸었을 때 모넴바시아 사람들은 이 절벽 위에서 3년이나 저항했다고 한다. 가파른 바위산 때문에 견뎌야 할 불편이 컸겠지만, 바로 그 바위산 덕분에 살아남을 수 있었다. 걸림 돌은 때로 디딤돌이 된다는 걸 여행하며 참 많이 배운다.

한 번의 여행은 한 번의 망치질

그리스 작가 니코스 카잔차키스는 펠로폰네소스의 곳곳을 남다른 시선으로 탐방한 여행기를 남겼다. 펠로폰네소스의 옛 이름은 모레아, 그래서 니코스 카잔차키스가 남긴 펠로폰네소스 여행기의 제목도 《모레아 기행》이다. 카잔차키스는 모넴바시아를 이렇게 표현해 놓았다.

"이 바위에는 언제나 자부심이 강한 사람들만 살았다. 바람, 바다, 외로움, 가난이 하나의 망치가 되어 그들의 영혼을 사정없이 두들겨 댔다."

모넴바시아가 얼마나 특별한 곳인지를 알려주는 이 문장을 액자처럼 마음에 걸어두었다. 바람과 바다와 외로움과 가난이 하나의 망치

모넴바시아 골목 풍경

가 되어 영혼을 사정없이 두들겨댄 마을. 그런 영혼의 망치질을 견딘 자부심 강한 사람들의 마을.

2002년 여름, 광화문의 씨네큐브에 영화를 보러 갔을 때 그 건물 앞에 세워진 〈해머링 맨〉을 처음 보았다. 작가 조너선 브로프스키는 어린 시절에 아버지가 들려준 친절한 거인의 이야기를 좋아했다고 한다. 어느 날 튀니지의 구두 수선공이 망치질하는 사진을 보고 아버지의 거인 이야기를 다시 떠올렸고, 망치질하는 사람의 스케치를 완성하게 되었다고 한다. '노동의 숭고함과 현대인의 고독'을 상징한다는 〈해머링 맨〉에게서 나는 '영혼의 망치질'을 떠올렸다. 대장간에서 울퉁불퉁한 금속을 펴기 위해 망치질을 하는 것처럼, 인생의 울퉁불퉁한 슬픔과 상처를 펴는 망치질이 여행이라는 생각이 들었다. 그날 나는 노트에 '한 번의 여행은 한 번의 망치질'이라고 써놓았다.

떠나지 못할 뻔했던 여행에서 만난 모넴바시아의 풍경은, 한 번의 여행은 한 번의 망치질이라는 걸 확인시켜 주었다. 슬픔과 걱정과 약간의 후회로 울퉁불퉁해진 내 마음을 모넴바시아가 펴주었다. 언제나 여행에서 돌아오면 조금은 더 나은 나를 만날 수 있었다. 여행의 순간에 찾아오는 감정, 여행이 끝나고 남은 충만함과 쓸쓸함이 모두 나를 단련하는 망치질이 되었다. 경험의 망치질, 추억의 망치질이 울퉁불퉁한 나를 조금씩 펴주었다.

여행 가방에 넣어온 《모레아 기행》에서 그 문장을 발견했을 때 잠깐 소름이 돋았다. 대작가의 문장에서 발견한 망치질이라는 표현 때문이기도 했지만, 바로 그 현장에 와서 읽는 카잔차키스의 표현이 너무나 적확했기 때문이다. 나의 망치질이 여행자의 감상적이고 말랑말랑한 망치질이라면 카잔차키스의 망치질은 '혹독한 운명의 망치질'이었으니까. 그 운명의 망치질은, 바위산과 바다 사이에 긴 이 매혹적인 마을을 보기 전엔 실감하기 어려울 것이다. 직접 와서 느껴보는 수밖에 없다. 모넴바시아는 정말 그런 곳이다.

하녀의 방에서 보낸 사흘

모넴바시아의 숙소는 2층짜리 작은 집이었다. 마을의 가장 안쪽에 있다곤 하지만 중앙 광장에서 3분쯤 걸으면 닿는 곳에 있었다. 두어 번 골목을 꺾어 들면 성 니콜라스 교회 바로 옆에 우리 숙소가 있었다. 외관은 세월의 흔적이 역력해도 내부는 깔끔했다. 특히 2층이 아름다

 They Are All Thirsty/Vassilis Saleas

윘는데, 창가에 놓인 의자에 앉으면 에게해가 보였다.

애석하게도 내 방은 2층이 아니었다. 출입문을 열고 들어오면 바로 보이는 작은 공간에 간이침대 하나뿐인 방이 나의 방이었다. '하녀의 방' 느낌이 물씬했다. 하지만 침대 옆에는 테라스로 나가는 계단이 있었고, 그 테라스에서 에게해를 마음껏 볼 수 있었다. 에게해의 일출을 볼 수 있는 테라스가 딸린 하녀의 방! 뭔가 코믹하기도 하고, 인생의 비밀이 담긴 것 같기도 했다. 그 방에서 지내는 시간, 책 읽으며 뒹굴거리는 별난 하녀로 보낸 사흘은 내내 뜻깊었다. 침대 건너편에 세로로 길게 난 창문으로는 아래쪽 골목이 보였는데, 구석구석 탐험 중인 여행자들이 가끔 보였다. 하녀의 방에서 음악을 들으며 책을 읽다가, 낮잠을 자다가, 테라스에서 바다를 마음껏 보다가, 날이 저물 무렵에 저녁을 먹으러 어슬렁어슬렁 나가던 날들. 그동안 쌓였던 피곤함이, 마음에 가득한 먼지가 조금씩 씻겨 내려가는 것 같았다.

큰 마을이 아니니 식당이 많지는 않았다. 하지만 대부분의 식당이 훌륭했다. 우리의 김치처럼 어느 식당에나 기본적으로 나오는 차지키도 맛있고, 그릭 요거트를 아낌없이 올린 샐러드는 매일 먹어도 질리지 않았다. 그리스 물가는 적당했고, 모넴바시아의 해산물 요리는 인근에서 갓 잡아오는 것이라 무척 싱싱했다. 물론 시칠리아 타오르미나의 그 놀랍던 식당만큼은 아니지만 모두 만족스러웠다.

모넴바시아 숙소, 하녀의 방

모넴바시아 숙소, 테라스

카노니는 유일하게 두 번 간 식당이다. 광장 바로 앞에 있는 식당인데 훌륭한 전망을 갖고 있었다. 첫날 저녁엔 예약을 하지 않아서 2층 야외 테라스 자리엔 앉을 수가 없었다. 오늘은 실내에서 먹지만 내일 저녁엔 반드시 저 야외 테라스에서 먹고 말겠어! 다음 날 저녁 식사 예약을 먼저 하고 주문을 시작했다. 화이트 와인과 그릭 샐러드와 홍합, 리조또, 그리고 우리나라의 오징어순대 비슷한 요리도 시켰다. 낯선 나라의 언어로 떠드는 사람들 사이에 앉아 있으니 나른한 행복과 피곤이 동시에 밀려왔다.

과거의 모넴바시아는 운명의 망치질을 견뎌낸 곳이지만, 21세기의 모넴바시아는 어쩐지 나른한 표정이 더 어울리는 것 같았다. 저녁을 먹고 다시 골목으로 나설 땐 마치 〈하울의 움직이는 성〉에 나오는 공중 산책을 하는 것처럼 발이 땅에 닿지 않는 느낌이었다. 들뜨고 설레서 그런 것이 아니라 아름답고, 쓸쓸하고, 나른해서. 모넴바시아의 밤과 골목길의 정취는 오래오래 기억에 남을 거라는 걸 그때 벌써 알았다. 불빛 아래 빛나던 부겐베리아 가득한 모퉁이가 지금도 눈에 선하다.

새벽에 잠이 깼다. 오랜만에 푹 잤다. 하녀의 방 체질인가? 웃음이 났다. 예전엔 동화 같은 예쁜 마을이 좋았지만, 시칠리아나 그리스에는 예쁜 풍경이 줄 수 없는 감동이 있었다. 운명에 맞선 거인을 마주하는 느낌 같은 것. 한없이 왜소해진 나를 탕탕 망치질하는 느낌. 대도시의 삶에서 중요한 목록 같은 건 하찮게 만드는 무언가가 내 손을 꼭 잡아주는 느낌.

창밖에 조금씩 밝은 기운이 퍼지기 시작했다. 새벽 커피를 마시고 싶었지만 두 사람이 깰까 봐 참기로 했다. 가디건을 걸치고 테라스로 나가는 문을 열었다. 바다는 아직 어둡고, 불을 켠 배가 오가고 있었다. 고기를 잡으러 나가는 것일까? 아니면 돌아오는 것일까? 조금씩 어둠이 걷히니 테라스 아래 집들의 지붕이 보이기 시작했다. 토스카나의 기와만큼이나 은은한 기와가 마음을 편안하게 해주었다. 정신이 맑고 고요해졌다. 너무 오랜만이다. 이런 맑음, 이런 고요함. 이런 순간을 만나고 싶었지. 혼자서 충만한 시간. 슬픔도 기꺼이 껴안아줄 수 있는 시간.

테라스 문이 열리더니 두 친구가 내 몫의 커피까지 들고 나타났다. 테라스가 순간 커피 향으로 가득했다. 그렇지. 에게해의 일출을 놓칠 수 없지. 우리는 세 개의 의자를 나란히 놓고 해가 뜨기를 기다리며 커피를 마셨다. 세수 안 한 얼굴로 마주치는 것도 이제는 어색하지 않다. 잠옷 위에 가디건을 걸친 채로 나란히 앉아 있으니 마치 가족이 된 것 같기도 했다. 바다가 불타는 것처럼 달아오르더니 마침내 에게해의 일출이 시작되었다.

오래전에 가족들과 함께 12월 31일에 강화도에서 해 지는 것을 보고, 그 길로 속초로 달려가 새해의 첫 일출을 보던 때가 생각났다. 그 땐 참 젊었지. 열정도 많았네. 그때도 좋았지만 지금도 좋아. 에게해의 일출과 동해의 일출이 크게 다를 거야 없지만, 그때의 나보다 지금의 내가 조금은 더 성숙해졌겠지. 일출 전의 풍경과 해 뜨는 풍경, 그리고 잠에서 깬 모넴바시아 사진을 몇 장 찍었다. 여기 어딘가에 셔터를 누르던 내가 있었다고 기억하고 싶어서. 나 혼자 조금 더 테라스에 머물렀다. 햇살에 섞여드는 온기를 조금 더 누리고 싶었다. 괜찮다, 괜찮다, 네가 걱정하는 그 아이도 괜찮을 것이다, 그런 속삭임이 들리는 것 같았다.

지도를 보면 모넴바시아는 마치 한 잎의 낙엽처럼 생겼다. 바위

한 잎의 낙엽 같은
모넴바시아

산이 대부분이고 사람들이 사는 마을은 오른쪽 아래 부분에 몰려 있다. 성문 앞에서 마을 끝까지가 350미터에 불과하다는 것이 잘 믿어지지 않지만 실제로 이 마을은 정말 작다. 집들은 몇 호나 될까? 지형이 그리 단순하지는 않아서 바위산 방향 높은 곳에 지은 집들도 있고, 바닷가 낮은 쪽에 지어진 집들도 많았다. 그들을 촘촘하게 이어주는 골목으로 들어가 이곳저곳을 돌아보는 재미가 있었다. 작은 마을이지만 아주 작지는 않았다. 골목을 따라 걷다 보면 넝쿨이 휘감은 벽, 부겐베리아가 화사한 집들이 나타났다. 뜯겨나간 담장의 얼룩도 많았지만 그 담장은 결코 매끈하고 화사한 벽을 부러워하지 않는 것 같았다. 그 당당한 낡음이 보기 좋았다.

바닷가에는 둥근 지붕을 가진 교회가 서 있다. 놀랍도록 새하얗고, 둥근 지붕에 기와를 얹은 독특한 형태였는데, 성모 마리아께 바쳐진 교회라고 했다. 그리고 교회 옆으로는 바위산 위로 오르는 가파른 계단이 있고, 등대로 가는 길도 있다. 지금은 육지가 되었지만 예전엔 나뭇잎 모양의 섬이었던 모넴바시아가 얼마나 절박하게 버텨왔는지를 알 것 같았다. 조금만 걸으면 끝이 보이는 마을에서 산다는 건 어떤 느낌일까? 이 작은 마을에 산도 있고, 바다도 있고, 벼랑도 있고, 등대도 있다니 이 마을엔 도대체 얼마나 많은 이야기가 있었던 것일까?

어느 식당에서 점심을 먹을까? 골목길을 이리저리 탐색하며 걷다가 결혼식 행렬을 만났다. 초록빛 드레스를 차려입은 한 여인이 가장 먼저 눈길을 끌었고, 그 뒤로 신랑과 신부가 하객들에게 둘러싸여 올라오고 있었다. 그들은 모든 골목을 결혼식의 장소로 사용했다. 걸어가며 사진을 찍고, 걸어가며 건배도 했다. 모두가 몇 걸음 걷다가 떠들썩하게 웃었고, 모두의 축제인 듯 성문으로 향하는 길을 여유롭게 즐겼다.

모넴바시아가 최근 그리스에서 가장 인기 있는 신혼여행지라던 말이 생각났다. 신혼여행을 즐기기엔 너무 빈티지하지 않나? 그건 내 생각이고, 그리스 사람들의 정서엔 이곳이 새 삶을 꿈꾸기에 가장 아름다운 마을일 수도 있을 것이다. 눈부신 산토리니, 리틀 베니스와 화려한 클럽으로 뒤덮인 미코노스섬을 제치고 가장 사랑받는 신혼여행지로 꼽힌다면 그럴만한 이유가 있겠지. 이곳에서 새로운 삶을 시작한다면, '예쁘게 잘 살게요' 같은 이상한 결혼 인사 대신 '은은하고 단단하게 잘 살겠다'고 말할지도 모르겠다.

여행 중에 결혼식을 마주친 적이 몇 번 있었다. 가장 인상적인 결

 Vagelis, 'La Petite Fille de la Mer'/Vassilis Saleas

혼식은 이탈리아의 아말피 근처 라벨로에서 만난 결혼식이었다. 신부가 배우 캐서린 제타존스처럼 아름다웠고, 들러리를 선 꼬마들도 인형처럼 예뻤다. 뭔가 화려한 부의 냄새가 나는 결혼식이었는데, 그때의 신랑 신부는 모넴바시아의 신랑 신부처럼 화사하게 웃지는 않았던 것 같다. 라벨로의 신랑 신부는 결혼식을 올리기 직전이었고, 모넴바시아의 신랑 신부는 결혼식을 마친 다음이라서 그런 걸지도 모르겠다.

여행자는 숱한 오해를 하는 사람이다. 여행의 추억과 낭만 중에는 아름다운 오해로 이루어진 것이 상당하다. 여행을 마치고 돌아와 방송 원고를 쓰려고 사실관계를 다시 확인해 보면 틀린 기억과 오해한 일이 제법 많았다. 분명 다녀왔는데 '나는 뭘 본 거지?' 싶을 때도 많다. 그러면 좀 어때? 여행인데! 여행자 맘이지. 세상엔 사실이지만 진실은 아닌 것도 많다. 하지만 여행자에겐 사실이 아닌데 진실이 되는 것이 제법 있다. 여행의 매력이고, 여행자의 특권이다.

'바람이 분다. 살아봐야겠다'라고 썼던 시인 폴 발레리는 여행자의 특권을 이렇게 써놓았다.

"먼 곳에서 돌아온 사람은 거짓말을 해도 좋다."

모넴바시아에서는 어느 골목의 어느 식당엘 들어가도 맛있는 음식을 먹을 수 있었다. 둘째 날 점심은 바다가 보이는 식당에서 먹었는데, 햇살이 잘게 부서지는 바다 위로 요트가 그림처럼 떠가고, 점심을 먹는 사람들도 조르주 쇠라의 그림에 나오는 사람들처럼 비현실적으로 아름다웠다. 집과 집 사이에 그저 여러 개의 테이블을 놓고 붉은 체크무늬 테이블보를 덮어두었을 뿐인데, 그 너머로 바다가 있을 뿐인데 이렇게 평화로울 수 있다니. 모넴바시아에서는 밥을 한 번 먹을 때마다 눈부시게 행복해졌다.

둘째 날의 저녁 식사는 전날 예약하고 온 바로 그 식당에서 먹었다. 특별할 것 하나 없는 식당이었는데, 이곳에서 보낸 저녁은 굉장했다. 그야말로 풍경이 다했다. 왼쪽엔 바위산과 집들이, 오른쪽엔 바다가, 눈앞엔 자그마한 광장과 교회의 종탑이 보이는 곳에서 밥을 먹는데 무엇인들 맛있지 않겠는가!

아직 햇살이 남아 있을 때 테라스의 끝자락에 앉아 우리는 건배했다. 서울에서는 1년에 두세 번 만나 저녁을 먹곤 했다. 그럴 때마다 그들이 들려주는 영화 이야기, 책 이야기, 음악 이야기, 먼 나라에서 공부하던 때의 이야기가 나를 풍성하게 만들어주었다. 여행의 추억 때문인지, 아니면 원래 모두들 테라스를 좋아했던 건지, 우리는 무조건 '야외파'였다. 늘 테라스가 있는 식당에서 만나 바람이 스쳐 지나가는 시간을 누리곤 했다. 이 만남도 언젠가는 시들해지겠지만, 내 인생의 한 시절에 이렇게 멋진 친구들이 있었다는 건 축복이다. 좋은 걸 보면 언제나 서로를 생각하는 사람들. 맛있는 걸 보면 언제 함께 먹어야지, 떠올리는 사람들. 원래 혼자 떠나는 여행을 좋아하던 세 사람이 모여 함께 여행하게 된 건 내 인생에 찾아온 어마어마한 축복이다.

주문한 음식이 하나씩 나왔다. 마주 앉은 친구1의 등 뒤로 보이는 종탑에서 종소리가 울려 퍼지고, 저녁이 천천히 흘러갔다. 어둠이 내리니 아무도 살지 않는 것 같던 낡은 집들에 불이 켜졌다. 한동안 비워두었던 내 안의 외딴 방에도 불이 켜지는 것 같았다.

모넴바시아의 골목은 자꾸 걸음을 멈추게 했다. 골목이 휘어지는 곳에 고여 있는 아름다움을 놓치기 싫어 물끄러미 바라보곤 했다. 셔터를 눌러보아도 그 아름다움이 제대로 담기지 않는 것이 아쉬웠다. 하루가 지났다고 그새 골목이 눈에 익어서 인적 드문 길도 다 정다웠다. 조명을 적당히 두어서 너무 어둡지도 않고 지나치게 밝지도 않았다. 절벽을 지나는 바람 소리가 왼쪽에서, 바닷가의 미세한 파도 소리가 오른쪽에서 들려왔다. 방송을 하기 때문인지 귀가 좀 예민한 편이다. 그래서 목소리가 크거나 날카로운 사람과는 잘 어울리지 못한다. 성문, '목소리가 가진 무늬'를 나는 믿는 편이다. 목소리를 들으면 그 사람을 조금은 알 수 있다. 편견이라기보다는 경험이 만들어준 통계적 감각 같은 것이다. 그렇다고 좋은 오디오가 아니면 음악을 듣지 못하는, 그런 종류의 고급진 귀는 아니다. 그저 세상의 아름다운 소리를 잘 찾아내는 편이고, 고약한 소음을 못 견디는 귀를 가진 것뿐이다.

Kanoni 식당, 2층 아외 테라스에서 본 풍경

몇 개의 골목을 돌고 나니 숙소가 보였다. 친구1이 문을 여는 동안 다시 한번 마을을 눈에 담았다. 이 마을에 깃든 느낌이 참 좋다. 하루면 다 파악할 수도 있는 마을이지만 한 달을 머물러도 지루할 것 같지 않았다. 모넴바시아의 골목엔 아기자기한 상점이 많았지만, 이탈리아를 두루 섭렵한 내 마음을 흔들 만큼 굉장한 건 없었다. 결론적으로 어떤 기념품도 사지 않았다. 하지만 골목을 누린 대가를 어딘가엔 지불해야 하지 않을까 싶었다. 기념품을 사는 대신 우리는 마음에 드는 식당에서 다른 때보다 더 많은 메뉴를 주문했다.

셋째 날 저녁을 먹은 식당은 골목을 오가며 봐두었던 그리스 전통 식당이었다. 내부는 생각보다 넓었고, 가족 단위로 온 여행자와 동네 사람들이 적당히 섞여 앉아 저녁을 즐기고 있었다. 군기 단단히 든 셰프들이 부지런히 요리를 하고 있었다. 출입문 밖으론 쉼 없이 여행자들이 지나고 있었는데, 그들이 지나는 모습을 카메라에 하나씩 담아보는 것도 즐거웠다.

카메라로 실내를 찍으려는 순간, 계산대 앞에 선 식당의 주인이 보였다. 남색 셔츠에 오렌지색 스웨터를 두른 그리스 할아버지가 카리스마 넘치는 모습으로 서 있었다. 오렌지색 스웨터가 완고한 느낌을 단번에 허물었다. 그리스 사람들은 실제보다 나이 들어 보이는 편이라 할아버지라고 단정할 수는 없었지만, 오렌지색 스웨터를 어깨에 두른 남자는 이 식당이 예사롭지 않은 곳이라는 걸 느끼게 했다. 그리스 가

정식을 만드는 이 식당의 낯선 메뉴들, 라따뚜이 같은 요리가 매력 있었다. 명함을 잃어버려 이 식당의 이름이 무엇이었는지는 잘 기억나지 않지만, 이곳에서 보낸 저녁은 푸근해서 좋았다.

황량하고 또 황량한 마을이 내게 물었지

모넴바시아에서의 마지막 밤, 우리는 바다가 보이는 테라스에 앉아 와인을 마셨다. 상점에서 함께 산 블랙 올리브와 치즈는 가격이 저렴했는데도 잘 숙성된 맛이 났다. 한적함을 즐길 줄 아는 사람에게 이 마을은 작은 천국 같을 것이다.

니코스 카잔차키스도 어쩌면 이런 시간을 누리지 않았을까?《모레아 기행》에서 그가 모넴바시아에 각별한 애정을 표현할 걸 보면 그도 이곳의 어딘가에서, 절벽과 바다 사이에서 이런 시간을 보냈을지도 모른다. 새벽에 일어나 일출을 보는 카잔차키스, 커피 한 잔 곁에 두고 아침 내내 글을 쓰다가 점심을 먹으러 마을로 나가는 카잔차키스, 마을을 어슬렁거리는 카잔차키스, 가파른 바위산에 올라 거인의 면모를 다듬는 카잔차키스, 그리고 저녁을 먹고 숙소로 돌아와 바다가 보이는 테라스에서 '우조Uzo'를 마시는 카자차키스. 그에겐 와인보다 그리스의 전통술, 우리로 치자면 소주와 비슷한 우조가 어울린다. 우조, 미키스 테오도라키스가 작곡하고 아그네스 발차가 부르는 '기차는 8시에 떠나네'에도 나오는 바로 그 우조 말이다.

우리는 가볍게 잔을 부딪고, 바다로 고기잡이를 떠나는 배의 불빛이 어둠 속에 흔들리는 걸 바라보았다. 늘 그렇듯 작은 목소리로 조금 속삭이고, 자주 침묵했다. 각자의 음악을 듣다가 서로의 이어폰 한쪽을 내어주기도 했다. 우리는 그 장소에 어울리는 책과 음악과 영화를 늘 생각하곤 했다. 이미 보았던 영화도 이들과 함께 이야기를 나누다 보면 새롭고 놀라운 작품이 되곤 했다.

테라스에서 바라보는 모넴바시아. 어둠 속에 잠든 거인 같은 이 마을이 나를 많이 위로해 주었다. 황량하고 황량한 마을이 내게 물었다. 이곳에서 편안했느냐고. 내가 대답했다. 당신의 망치질 덕분에 울퉁불퉁한 슬픔이 조금은 펴지는 것 같다고. 내 걱정도 조금은 평평해졌다고.

모넴바시아를 떠나는 아침, 친구들은 2층 창문 앞 의자를 내게 내어주었다. 그동안 하녀의 방에서 자느라 고생했다는 위로도 해주었고, 다음 숙소에선 여왕의 침대가 기다리고 있다는 스포일러도 전해주었다. 얏호! 그런데 탑 안에서 잔다며? 비좁은 탑 안에 여왕의 침대라니, 그런 게 가능한가? 2층 창문에는 나무로 만든 창틀이 있고, 그 너머로 바다가 출렁이고 있었다. 딱 하나 놓여 있는 의자는 편안했고, 섬 같았다. 그렇지. 의자는 저마다 하나의 섬이지. 한때 섬이었던 마을에 들어와 섬 같은 의자에 앉아 바다를 바라보았다. 이 마을을 떠나기 싫다는 생각이 들었다.

　따지고 보면 모넴바시아에선 아무것도 한 것이 없었다. 그저 마을 길을 어슬렁거리고, 맛있는 식당을 찾아내고, 골목을 따라 바다로 갔다가 광장 앞 교회에 들어가 촛불을 켜고 온 것뿐이었다. 탐험가 기질이 있는 사람들도 아니어서 바위산 꼭대기까지 올라간 것도 아니다. 우리는 그저 어슬렁거리는 걸 좋아한다. 기어이 어딘가를 가야 한다고, 저 높은 곳에 올라보자고 말하는 사람은 없었다. 아무것도 하지 않았지만 어쩐지 모든 것을 다한 것 같았다. 새벽의 일출도 보았고, 어둠이 이 낡은 마을을 어떻게 쓰다듬는지도 지켜보았다. 한 사람의 슬픔을 풍경이 어떻게 위로해 주는지도 깊이 느꼈다. 오래되었다는 것이 반드시 낡은 것이 아니며, 낡았다고 생각한 것이 불현듯 새로운 아름다움을 획득하는 것도 조금은 느낄 수 있었다. 이렇게 작은 마을에 일 년을 머물러도 지루하지 않겠구나, 처음 느꼈다.《모레아 기행》을 읽으며 이곳을 휩쓴 광풍과도 같은 전쟁도 느껴보았고, 니코스 카잔차키스의 걸음에 내 걸음을 포개보는 즐거움도 느꼈다. 이거면 됐지, 뭘 더 바랄까.

　참 착한 인상을 가진 여주인이 손수레를 끄는 남자와 함께 숙소로 왔다. 좋았던 시간을 뒤로하고, 이번 생에 다시 오기 어려울지도 모르는 모넴바시아의 골목을 걸었다. 너무 비장한가? 모넴바시아에는 사람을 조금 비장하게 만드는 무언가가 있긴 했다. 아니다. 어쩌면 그

때 내 마음이, 내 상황이 그랬기 때문인지도 모르겠다. 많은 집의 외벽이 잿빛이지만 드문드문 화사한 핑크빛과 눈부신 화이트가 있었는데도 이 마을을 시간 속에 풍화된 마을이라고 느꼈던 걸 보면 말이다.

숙소의 주인 줄리아와 친구1이 이런저런 이야기를 나누며 앞장서고, 친구2와 나는 뒤에서 걸었다. 이 마을의 골목길은 어쩌면 이렇게 애틋한 느낌인지. 이곳에서 결혼식을 마친 신랑 신부의 뒷모습을 보았고, 너무 사랑해서 떨어질 수 없다는 듯 입맞춤하는 연인들도 보았고, 히잡을 쓴 여행자도 보았다. 세상의 많은 사람이 이 마을을 다녀가면 좋겠다. 때로 아주 작은 마을에 나를 내려놓으면 거대한 세상이 주지 못한 위로를 받을 수도 있다는 걸 모넴바시아가 알려줄 것이다.

성문 앞에서 우리는 작별 인사를 했다. 그리스 아가씨 줄리아는 오래오래 손을 흔들어주었다. 하나밖에 없는 출구를 나오니 왼쪽은 바다, 오른쪽은 바위산의 끝자락. 며칠 만나지 못했던 차에 시동을 걸고 여행 가방을 실었다. 뒤돌아보니 모넴바시아의 성문은 지난 며칠 동안 있었던 일이 다 꿈이었다는 듯 시치미를 떼고 서 있다.

열한 번째
체크인

자킨토스도 아닌데, 부서진 배 한 척

　한 잎의 낙엽 같은 모넴바시아를 떠나 바티아를 향해 달렸다. 가는 길에 스파르타를 지나게 되었다. 우리가 지나온 곳이 스파르타의 변방인지 시내인지는 잘 모르겠지만, 그토록 용맹한 사람들의 도시였다는 스파르타는 쇠락한 느낌으로 가득했다. 스파르타에는 그 흔한 성벽도 없었다. 워낙 용맹하고 강인한 군인들이 도시를 지켰기 때문에 성벽도 필요 없었다고 한다. 쇠락한 스파르타는, 강한 것으로만 세상을 움직일 수는 없다는 증명서 같았다. 아테네와 패권을 다투던 스파르타의 오늘이 여행자의 마음을 쓸쓸하게 만들었다. 조금 전에 소나기가 내렸는지, 우리가 스파르타를 지날 때 쌍무지개가 떴다.

험난한 길을 넘고 또 넘으니 다시 바다를 끼고 달리는 길이 나왔다. 그런데 해변에 낡은 배 한 척이 잔뜩 녹슨 채 방치되어 있는 것이 보였다. 멀리서도 보일 정도로 제법 큰 난파선이었다. 혹시 자킨토스? 자킨토스가 펠로폰네소스 반도 가까이에 있는 건 맞지만 훨씬 더 북쪽에 있는 섬이다. 지도상으로 우리가 지나는 이곳은 기티오 마을의 발타키 해변이라고 되어 있다. 고운 백사장이 펼쳐진 해변에 저 배는 언제부터 저렇게 녹슨 채 있었던 걸까? 혹시 관광상품처럼 저기 일부러 전시해 둔 것일까? 버려진 것 같기도 하고, 딱 저 정도로만 녹슨 채 있도록 관리되는 것 같기도 한 묘한 느낌이 들었다.

여행을 마치고 돌아와 검색해 보니 발타키 해변의 난파선은 1950년 덴마크에서 건조된 화물선 디미트리오스Dimitrios이고, 1981년에 이 바다에서 좌초되었다고 기록되어 있다. 밀수선이라는 말도 있고, 악천후를 피해 임시 정박했다가 좌초된 뒤 버려졌다는 설도 있다고 한다. 바로 그 해변으로 내려가 사진을 찍지는 못했지만 난파선을 찍은 멋진 사진들이 인터넷에 꽤 있었다. 사진작가들에게 사랑받는 촬영지인 듯했다.

해변의 녹슨 배 한 척이 색다른 풍경이 되어주었지만, 한편으론 그리스의 현실 한 부분을 본 것 같았다. 멀리서 보는 발타키 해변은 난

파선이 서 있기엔 지나치게 아름다웠다. 아니, 지나치게 아름다운 해변이어서 난파선이 더 극적으로 보였던 것일까?

세계에서 가장 속닥한 해변 Top 10

세상엔 온갖 별난 리스트가 있다. 모넴바시아에서 바티아로 가는 길에 우리는 어느 작은 해변에 잠시 들러 차를 마시기로 했다. '세계에서 가장 속닥한 해변 Top 10'에 꼽힌 곳이라고 했다. 세상에서 열 손가락 안에 든다는 속닥한 해변은 어떤 풍경일까? 별별 리스트에 별별 궁금증이 더해졌다.

게롤리메나스는 정말 속닥한 해변이었다. 어디에나 있을 법한 작고 한적한 해변이었지만 해변이 품은 바다는 만만치 않았다. 우리가 커피와 맥주를 마시는 동안 몇 척의 요트가 찾아왔고, 거대한 화물선이 멀리 지나가기도 했다. 빨간색과 흰색의 작은 배 네 척은 계속 해변에 묶여 있었다. 여기 앉아서 10년을 보낸다 해도 아무 일도 일어날 것 같지 않은 해변이었다. 누군가가 만들어놓은 '세계에서 가장 속닥한 해변 Top 10'이라는 목록이 아니었다면 당연히 그냥 지나쳤을 것이다. 그냥 지나쳤어도 이 여행이 달라지진 않았을 것이다. 하지만 한적함 너머에 에게해를 품고 있는 이 해변, 겉과 속이 다른 이 속닥한 해변을 만나서 좋았다.

세상에 쓸모없는 일이란 없다. 별별 축제가 다 있고 별별 리스트가 다 있는데, 낯선 곳을 여행하는 사람들은 그런 목록에 솔깃해지곤 한다. 기꺼이 홀랑 속아줄 준비가 되어 있다. 그렇게 현혹되어 예정에도 없던 곳엘 들어서면 여행에 문득 주름살이 생기는 것 같아서 즐겁다.

절벽 위의 의자

속닥한 해변을 떠나 다시 바티아를 향해 나섰다. 게롤리메나스를 떠난 지 10분쯤 됐을까? 바다가 펼쳐진 오른쪽 절벽 위에 두 개의 벤치가 보였다. 저 절벽 위에 누가 의자를 만들어놓았을까? 잠시 차를 세워달라고 부탁할까? 그런 생각을 하는 순간 친구2가 차를 세웠다. 그는 내가 이 벤치를 그냥 지나치지 않으리라는 걸 알고 있었다.

에게해를 바라보기 좋은 자리에 놓인 벤치였다. 누가 이 절벽 위에 이런 의자를 마련해 놓았을까? 풍경을 보라고 만들었을까? 마음껏 울라고 만들었을까? 다시 일어설 수 있을 때까지 하염없이 앉아 있으

 Lake Isle of Innisfree / Bill Douglas ft. the Ars Nova Singers

라고 만들었을까? 절벽과 차도 사이에 위태롭게 놓인 벤치로 다가가 잠시 앉아보았다.

아직도 모르겠다. 누가 왜 거기에 벤치를 만들어두었는지. 일부러 벤치를 만들어놓기엔 너무 위험한 자리, 나쁜 마음을 먹기 딱 좋은 자리. 하지만 나쁜 마음을 없애기에도 딱 좋은 자리였다. 날이 맑은데도 거센 바람이 불던 그 벤치를 나는 '마음껏 울라고 만들어놓은 벤치'라고 생각하기로 했다. 이 벤치에선 조용히 울어도 괜찮고, 어깨를 들썩이며 울어도 괜찮을 것 같았다. 지나가는 차에게도 들키지 않을 것이고, 바람 소리가 울음을 삼켜줄 것이고, 절벽과 바다는 모르는 척하며 다시 일어날 때까지 기다려줄 것 같았다.

정말 숙소가 나타나긴 할까?

본격적으로 거친 길들이 나타나기 시작했다. 길을 내기 위해 파헤쳐진 땅에는 피처럼 붉은 흙들이 모습을 드러내고 있었다. 눈앞에 보이는 산들은 민둥산에 가까웠다. 비로소 '시지프의 신화'를 이해할 수 있을 것 같았다. 저 매끈한 민둥산이라면 거인이 바위를 밀어 올리는 것도 충분히 상상할 수 있을 것 같았다. 바티아 시내를 지났다. 우리의 숙소는 바티아의 끝자락에 있었기 때문에 시내를 천천히 빠져나왔다. 시내라고 해봐야 집도 몇 채 없고, 사람이 살지 않는 것처럼 보였

절벽 위의 의자

다. 하지만 위성 안테나도 보였고, 아직 날이 저물지도 않았는데 간판에 불을 켜놓은 상점도 있었다. 바티아의 풍경이 정말 독특해서 잠시 차를 세우고 사진을 찍었다.

펠로폰네소스 반도의 남쪽 끝자락, 세 개의 손가락처럼 생긴 지형 중에 가운데 지역을 마니라고 부른다. 1970년대까지만 해도 그리스 내륙에서 마니로 가려면 배를 타고 가야 했다. 바다 너머엔 아프리카가 있고, 왼쪽엔 시칠리아가 있는 척박한 땅에서 마니 사람들은 강인하게 살았다고 전해진다. 2차 대전과 그리스 독립투쟁에서도 가장 열렬히 싸운 전사가 마니 사람들이었다고 한다.

바티아는 크레타 사람들이 개척한 곳이다. 이들은 숱한 외적의 침입에 대비해서 탑을 짓고 살았다. 부유한 사람일수록 높은 탑을 지었고, 가장 높은 방에서 살았다고 한다. 외지에서 나그네가 오면 탑에서 가장 좋은 방을 내주었는데, 바깥 이야기에 목마른 그들은 나그네를 붙잡아 둘 온갖 방법과 변명을 짜내곤 했다고 한다. 몇 안 되는 사람들끼리 똑같은 이야기를 10년쯤 물리도록 한다고 생각해보라. 외지에서 온 사람이 어떤 거짓말을 해도 다 예뻐 보일 것 같기 하다.

오른쪽엔 바다와 절벽, 왼쪽에는 거친 산이 이어지는 길을 계속 달렸다. 날이 조금씩 저물고 있었다. 풍경은 비장한데 숙소는 도무지 나타날 것 같지 않았다. 정말 숙소가 나타나긴 할까?

일본 영화 〈안경〉에는 이런 약도가 등장한다.

'왠지 불안해지는 지점에서 2분 정도 더 참고 가면 거기서 오른쪽.'

영화 속의 약도는 펠로폰네소스의 외진 길을 달리는 우리를 위해 미리 만들어놓은 약도 같았다. 아무리 가도 숙소 같은 건 나타날 것 같지 않아 불안해지던 지점에서 2분 정도 더 참고 갔더니 오른쪽에 정말로 탑이 나타났다.

길에서 본 바티아 숙소

세상의 끝 바티아에서

탑이 나타나 다행이었고, 탑을 만나서 심란해졌다. 친구1은 나에게 '여왕의 침대'가 기다리고 있을 거라고 예고했었는데, 이 탑과 여왕의 침대는 도무지 연결이 되질 않았다. 숙소의 주인과 줄무늬 앞치마를 입은 남자가 우리를 마중 나왔다. 그들은 가방을 들고 계단을 성큼성큼 올랐다. 이 숙소는 정말로 하나의 탑으로 이루어진 곳이었다. 탑 옆으로 난 계단을 오르니 바로 2층 주방이 나왔다. 우리가 묵을 방은 어디에 있지? 아무리 봐도 방은 없었다. 줄무늬 앞치마를 입은 남자가 주방 옆 사다리를 오르기 시작했다. 굉장히 가파른 경사를 가진 사다리였다. 저길 올라간다고? 문제는 사다리가 그것만은 아니라는 것이었다. 주방 옆의 경사진 사다리를 오르니 이번에는 완전히 수직으로 세워진 또 다른 사다리가 있었다. 그 사다리를 올라야 방이 나타났다. 그렇다. 우리는 진정한 '탑'에 온 것이다.

이 수직 사다리를 매일 오르내려야 한다니. 이토록 불편하고 위

 Sympathique / Pink Martini

태로운 숙소에서 나흘을 보낼 생각을 하니 한숨이 나왔다. 한 걸음만 잘못 디디면 온갖 위험한 도구가 잔뜩 도사린 부엌 바닥으로 내동댕 이쳐질 것이다. 그런데 이 숙소는 어떻게 평점 9.9점을 받을 수 있었을 까? 어렵게 사다리를 올라 방으로 들어갔을 때, 나는 진심으로 놀랐다. 탑의 내부는 아늑했고, 침대는 정말 여왕의 침대처럼 보였다. 화려하 지 않았지만 한눈에 좋다는 걸 알아볼 정도로 기품이 있었다. 이 침대 가 세계적으로 손꼽히는 제품이라는 건 나중에 알게 되었다. 침대 왼 쪽에는 작은 문이 하나 있었는데, 그 문을 열면 한 사람이 간신히 설 수 있는 작은 테라스가 있었다. 그 테라스에서 넓은 바다가 보였다.

탑에 오기까지 이런저런 걱정이 있었지만, 짐을 풀기도 전에 나 는 이 방에 반했다. 여왕의 침대에서 나흘 동안 잘 쉬었다. 사다리는 처 음만큼 위험하거나 불편하지 않았고, 곧 익숙해졌다.

첫날 저녁 식사는 마당에 차려졌다. 이 숙소에는 전속 요리사가 있었다. 마당의 탁자에 등이 켜졌고, 플레이팅부터 예사롭지 않은 저 녁 식사가 차례로 나왔다. 마치 세상의 끝인 것처럼 외진 곳, 주변에 아 무것도 없고 겨우 탑 하나만 서 있는 곳에서 이렇게 근사한 식사를 하 게 되다니! 에피타이저와 메인 디쉬와 디저트를 차례차례 먹으며 바티 아의 밤에 서서히 물들어 갔다. 디저트를 먹을 즈음 마당을 자세히 바 라보니 우리 말고도 다른 투숙객들이 보였다. 프랑스 남부에서 신혼여

행을 온 부부도 있었고, 영국에서 온 노부부는 벌써 닷새째 머무르고 있다고 했다. 그들은 탑의 1층에 투숙하고 있어서 우리처럼 사다리를 오르내리지는 않아도 되는 것 같았다.

사다리를 오르는 방이라서 더 좋아! 이런 경험을 도대체 어디 가서 하겠어. 일상이 아니라 여행인데, 상식적인 방보다는 상식을 뛰어넘는 방이 훨씬 좋아!

우리가 '핫산'이라고 불렀던 남자

최고의 침대에서 깊이 잠들었고 늦잠을 잤다. 눈을 뜨고도 한참을 침대에서 머물렀다. 천천히 일어나 테라스로 나가는 작은 문을 열었더니 햇살이 쏟아지고 있었다. 테라스 왼쪽으로 반도의 끝자락이 보였다. 방을 안내해주던 숙소의 주인이 어제 그랬었다. 저 너머에 신화에 나오는 지하 세계 '하데스'의 입구가 있다고. 마니 반도의 끝자락, 이곳엔 신화가 흔하게 널려 있다.

탑에 머무는 동안 우리는 다양한 장소에서 식사를 했다. 어느 날은 올리브 나무 아래에서, 어느 날은 수영장 앞의 테이블에서, 어느 날은 탑의 2층 주방 바로 앞에 있는 야외 탁자에서 매번 다르고 매번 맛있는 식사를 했다. 친구1은 맛있는 음식에 가치를 부여하는 사람이고, 친구2는 어느 쪽이든 괜찮은 사람, 나는 부실한 식사도 괜찮다고 생각

바티아 숙소, 올리브 나무

하는 편이었다. 하지만 '어른의 여행'을 하는 동안 여행지에서의 식사가 얼마나 중요한지를 알게 되었다. 소박하면 소박한 대로, 근사하면 근사한 대로, 모든 식사에는 저마다의 추억이 깃들었다.

식사 때마다 줄무늬 앞치마를 입은 남자가 서빙을 해주었다. 그는 부지런했지만 그렇다고 미소를 지으며 일하는 타입은 아니었다. 왠지 모로코나 튀니지 사람일 것 같은 이국적인 느낌의 그 남자를 우리는 '핫산'이라고 부르기로 했다. 당사자는 모르는 이름을 비밀리에 붙여주고 나니 뭔가 흥미로운 스토리가 생긴 것 같았다. 핫산은 우리와 눈이 마주쳐도 좀처럼 웃지 않았다. 핫산만 그런 건 아니었다. 이 지역 사람들은 눈이 마주쳤다고 해서 웃어주는 일은 거의 없었다. 한편으론 그런 태도가 편하기도 했다.

사흘째 되는 날, 마당에서 아침 식사를 마쳤을 무렵이었다. 숙소의 주인이 내게 책을 한 권 선물해 주었다. 《마니》라는 책, 이 지역의 역사와 신화, 흩어져 있는 마을들을 담은 제법 커다란 판형의 사진집이었다. 얼떨결에 귀한 선물을 받아들었다. 다소 무뚝뚝한 엔지니어 같은 느낌을 주던 숙소의 주인이 처음으로 미소를 지었다. 그는 숙소의 주인이라기보다는 '숙소의 CEO'라고 불러야 할 것 같은 사람이었다. 외진 곳에 있는 탑을 기품 있는 숙소로 만들어놓은, 예사롭지 않은 안목을 가진 사람이었다. 그가 내게 왜 《마니》를 선물해 주었는지는 모르겠지만 나는 용맹한 사람들이 살던 마니 반도를 통째로 선물 받은 것

같아 기뻤다. 그 사진집 《마니》는 지금도 내 책장에서 나에게 힘이 되어주고 있다.

《마니》의 표지에는 오래된 성이 담겨 있었다. 그 성은 카르다밀리라는 마을에 있는데, 그 마을이 바로 영화 〈비포 미드나잇〉을 촬영한 곳이라고 숙소의 주인이 알려주었다. 〈비포 미드나잇〉을 그리스에서 촬영했다는 건 알았지만 그 마을이 마니의 북서쪽 끝자락에 있다는 건 처음 알았다. 그 순간 나의 오늘 일정이 정해졌다. 카르다밀리로 가야겠다!

언젠가 나의 여행을 궁금해하는 이가 물었다. 나의 여행에서 가장 중요한 준비물이 뭐냐고. 나는 '정다운 무관심'이라고 대답했다. 취향공동체에 가까운 우리는 여행에 관해 일치하는 면이 많았지만, 당연히 다른 점도 많았다. 그 모든 걸 서로 존중했다. 가고 싶은 사람은 가

고, 남고 싶은 사람은 남고, 모든 것을 자유롭게 선택했다. 무관심한 듯
서로를 내버려두었다. 우리 사이엔 정다운 무관심이 있었다.

펠로폰네소스의 길 위에서 〈세상의 모든 음악〉을 듣다

나는 카르다밀리에 다녀오겠다고 했다. 친구1은 숙소에 남아 있
겠다고 했고, 친구2는 나와 함께 가겠다고 했다. 따로 또 같이 하루를
보내게 되었다. 친구2는 열심히 운전해 줄 테니 오늘의 여행을 마음껏
즐기라고 했다. 친구2는 언제나 그렇게 마음을 써주었다.

마니 지역은 정말 태초의 자연 그대로인 곳이 많다. 띄엄띄엄 마
을이 있었고, 여러 개의 산모퉁이와 해변을 지나면 또 작은 마을이 나

타나곤 했다. 이곳은 한낮, 시차를 따져보니 〈세상의 모든 음악〉이 시작될 시간이었다. 에게해를 바라보며 방송을 듣는 건 어떤 기분일까? 유심칩을 사서 왔으니 방송을 듣는 건 어려운 일이 아니다. 그동안엔 굳이 챙겨 듣지는 않았지만, 오늘은 차 안에서 방송을 한번 들어봐야 겠다고 생각했다. 지난주에 원고를 미리 보내고 왔는데 어떤 글을 썼는지 하나도 기억나지 않았다.

그날 나는 칼 세이건이 알려준 지구 이야기를 썼고, 파리의 퐁피두 센터를 여행하는 원고를 썼다. 또 심재휘 시인의 시 〈행복〉의 일부를 전하며 우리가 남용하는 말에 대해서, 과다복용하는 감정에 대해서 썼다. '잘 살려고 애쓰지 않는 날도 있어야지'라는 시의 마지막 문장은 길 위에 있는 나를 깊이 위로해 주었다. 내가 쓴 방송 원고를 남이 쓴 글인 것처럼 들으며 낯선 나라의 낯선 길을 달렸다.

 Alexandria / Evanthia Reboutsika

카잔차키스와 조르바가 어디로 갔는지 말해줄까요?

몇 개의 산허리를 지나 마침내 바다 쪽으로 이어지는 구불구불한 길을 내려갈 때, 눈부신 바다 바로 앞에 펼쳐진 아름다운 마을이 보였다. 친구2에게 말했다.

"카잔차키스와 조르바가 어디로 갔는지 말해줄까요?"

《그리스인 조르바》는 아테네의 피레우스 항구에서 '나'와 '조르바'가 만나는 것으로 시작된다. 그들은 함께 갈탄 광산을 하기로 의기투합했고, 크레타섬으로 가는 배를 탔다. 소설엔 그렇게 되어 있지만 현실의 카잔차키스와 조르바는 크레타섬으로 가지 않았다. 바로 지금 우리 눈앞에 보이는 저 바닷가 마을, 펠로폰네소스의 서쪽에 있는 '스투파'에 그들은 도착했다. 지금은 휴양지로 조금씩 알려지고 있는데, 예전엔 등 뒤에 거대한 산맥을 거느린 다소 거친 바닷가 마을이었다고 한다. 스투파는 시월에도 수영을 할 수 있을 정도로 따뜻하고, 일몰이 아름다운 해변이 있고, 수백 년 된 올리브 나무들이 그늘을 만들어주는 곳이다. 바다를 등지고 바라보면 방금 우리가 지나온 산들이 병풍처럼 이어지는 것이 보인다. 저 산 어딘가에 카잔차키스와 조르바의 갈탄 광산이 있었을 것이다.

스투파의 칼로그리아 해변 끝자락에 카잔차키스는 작은 집을 얻었다. 집이라기보다는 방이라고 해야 할 것 같은 곳이었지만 마당에 의

자를 내놓으면 지중해가 다 내 것 같은 곳이다. 갈탄 광산에서 하루를 보내고 오면 카잔차키스는 마당의 의자에 앉아 책을 읽거나 글을 썼고, 조르바는 술을 마시러 갔다고 한다. 카잔차키스와 조르바의 갈탄 광산은 오래가지 못했다. 그들의 광산이 망했을 때 요르고스 조르바는 소설 속 알렉시스 조르바가 그랬던 것처럼 칼로그리아 해변에서 춤을 추었다지. 지금 칼로그리아 해변은 하얀 비치파라솔이 늘어선 휴양지가 되었고, 절망 속에서 춤추는 거인의 흔적 같은 건 느껴지지 않는다. 하지만 스투파 마을 뒤에 버티고 있는 거대한 산자락을 올려다보면 '조르바의 춤'을 조금은 이해할 수 있을 것 같다. 인생에서 아주 짧은 시간이 지났을 뿐, 갈탄 광산이 망했다고 인생이 끝난 건 아니니까.

가끔은 꼭 그 장소에 가야만 이해할 수 있는 장면이 있다. 펠로폰네소스의 산들을 보며 비로소 시지프의 신화를 조금은 이해하게 된 것처럼, 바다와 거대한 산자락 사이에 깃든 스투파를 지나며 조르바의 춤과 조금은 가까워진 것 같았다.

그리스에서도 외진 곳에 속하는 이 지역까지 찾아오는 여행자는 많지 않다. 최근에 이 지역이 휴양지로 부상한 뒤에 찾아오는 여행자들도 이곳이 카잔차키스와 조르바가 머물렀던 곳이라는 걸 알고 오는 경우는 많지 않다고 한다. 바닷가에 있는 카잔차키스 흉상을 보며, 카잔차키스와 조르바를 새겨놓은 어느 건물의 벽화를 보며 늦게야 짐작할 것이다.

영화 〈비포 미드나잇〉 촬영지 카르다밀리를 찾아갈 때 스투파를 지나는 여행자들도 있겠지만, 왼쪽으로 펼쳐진 푸른 지중해에 한눈을 파느라 이 마을에 조르바가 있었다는 걸 몰랐을 것이다. 스투파의 광산에서 카잔차키스와 조르바가 인생을 데울 갈탄을 캐냈다는 것도 모르고 지나쳤을 것이다. 그래서 스투파는 '나의 스투파'가 되었다는 사실! 두 사람이 간 곳이 크레타가 아니라 스투파였다는 건 왠지 나만 아는 비밀 같아서 흐뭇했다. 별것 아닌 일이라도 나만 알고 있는 무언가가 생기는 건 근사한 일이니까.

스투파 이정표를 지날 때 '안녕, 나의 카잔차키스 씨, 안녕, 나의 조르바!' 손을 흔들어주었다. 그저 이 마을을 알아보았을 뿐인데 어려운 암호를 푼 것처럼 뿌듯했다.

〈비포 미드나잇〉, 카르다밀리

스투파에서 10분 정도 더 달리니 카르다밀리 이정표가 보였다.

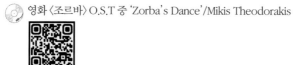
영화 〈조르바〉 O.S.T 중 'Zorba's Dance'/Mikis Theodorakis

인구가 고작 500명이라는 이 작은 마을에서 영화 〈비포 미드나잇〉이 촬영되었다니, 영화가 만들어지는 동안 여긴 얼마나 설렜을까? 언덕 위에는 올드캐슬이 있고, 마을이 끝나는 지점에 있는 노란 교회에서 좌회전해서 바닷가로 가면 마치 발리의 해변 같은 풍경이 나온다. 그 길을 따라 카르다밀리의 맛집들이 늘어서 있다. 곧장 뛰어들 수 있는 해변을 끼고 있는 식당들도 많았다. 한겨울에도 온화한 기후를 유지하는 곳이어서 그런지 곳곳에 오래된 올리브 나무가 정말 많았다.

　카르다밀리에는 아름다운 집이 많았다. 바다와 산이 함께 있는 지형을 잘 살린 집들이 구석구석 들어차 있었다. 중앙 도로에는 크게 눈길을 끄는 건물은 없어도 작은 카페며 상점이 모두 다 사랑스러웠다. '자세히 보아야 예쁘고 오래 보아야 사랑스러운' 거리였다. 길을 따라 천천히 걸었다. 왕복 2차선인 중심도로를 따라 푸른 문을 가진 카페도 있었고, 자전거를 이마에 딱 붙여놓은 자전거 상점도 있었다. 카르다밀리는 원래 보헤미안들이 사랑한 마을이라는데, 자전거를 타는 사람들에게도 사랑받는 곳인 것 같았다. 자전거 상점에서 길을 건너다가 자전거를 탄 중년의 부부가 달려오는 걸 보았다. 아름다워라! 저 부부야말로 〈비포 미드나잇〉을 찍으러 이 마을에 온 사람들 같았다.

　숙소의 주인이 선물해 준 《마니》의 표지에 나온 옛 성은 마을의 오른쪽에 숨어 있었다. 야트막한 언덕 위에 있는 옛 성은 무소르그스키의 《전람회의 그림》 두 번째 곡 '옛 성'을 재현해 놓은 것 같았다. 이

284

옛 성으로 이어지는 길을 제시와 셀린느가 함께 걷는 장면이 있었다.
자연 그대로의 거친 길을 걸으며 그들은 차근차근 싸웠다. 풋풋하고
고왔던 그들의 사랑에도 산전수전 다 겪은 세월의 그림자가 깃들어 있
었다. 쇠락한 옛 성처럼……

　　영화 〈비포 미드나잇〉에서 제시와 셀린느 부부가 지인들과 함께
시간을 보내던 장소가 있다. 야외 식탁이 놓여 있고, 바다가 보이던 그
테라스는 영국 작가 패트릭 리 파머의 기념관에 있다. 파머는 그리스
사람보다 더 그리스를 사랑한 작가였다고 한다. 용맹한 그리스인들이
살았던 마니를 사랑했고, 그들과 함께 투쟁했으며, 오랜 세월을 바쳐
진정성 가득한 펠로폰네소스 여행기를 썼다. 그리고 카르다밀리의 바
닷가에 집을 지어 아내 조안과 함께 살았고, 카르다밀리에 묻혔다. 영
화에는 드러나지 않은 촘촘한 뒷이야기를 이렇게 채워나갈 때 나는 즐
겁다. 돌아가면 어떤 방식으로든 방송 원고에 담아 청취자들과 나눌
것이다. 나의 여행은 자주 방송이 되고, 방송은 또 다음 여행을 꿈꾸게
하는 힘이 되었다.
　　파머의 기념관 앞에는 자갈로 이루어진 해변이 있다. 영화 속에서
제시와 셀린느의 두 딸이 신나게 놀던 바로 그 해변, 누구라도 커다란
수건 한 장 깔고 누우면 지중해가 다 내 것이 되는 마법의 해변이다. 패
트릭 리 파머가 이곳에 영영 눌러앉은 것처럼 카르다밀리에는 이방인

의 발걸음을 충분히 붙잡을 수 있는 매력이 있다. 황량하면서도 매혹적일 수 있다면 그것에 대적할 만한 것이 있을까? 한번 이런 풍경에 물들면 시선이 달라질 수밖에 없다. 동화 같은 풍경, 화려한 장식으로 가득한 여행지에서는 결코 채울 수 없는 무언가가 있다는 걸 알아차리게 된다.

영화를 만들 때 촬영장소를 물색하는 건 주연배우를 캐스팅하는 것만큼이나 중요한 일이다. 장소 그 자체가 많은 말을 하기도 하니까. 리처드 링클레이터 감독은 왜 카르다밀리를 〈비포 미드나잇〉의 촬영지로 택했을까? 선셋 포인트라는 해변 카페에서 커피를 마시면서 친구2와 그런 이야기를 나눴다. 풋풋했던 청춘을 담은 빈, 재회를 위한 완벽한 장소였던 파리처럼, 카르다밀리는 그들 사이로 내려앉은 시간을 그려내기에 탁월한 선택이라는 생각이 들었다. 함께 보낸 세월만큼 켜켜이 쌓인 감정이 옛 성과 잔잔한 바다와 붉은 노을에 실려 자연스럽게 모습을 드러냈다.

영화 속에는 제시와 셀린느가 밤늦게까지 대화하던 해변 카페가 있었다. 파머의 기념관 근처 선착장에 만들어진 세트장이었는데, 셀린느는 그 카페에 앉아 해가 산등성이 너머로 사라질 때까지 지켜보며 이렇게 말한다.

"Still there! Still there!"

카르다밀리 풍경

카르다밀리, 〈비포 미드나잇〉 해변 카페가 있던 자리

〈비포 미드나잇〉에서 내 마음을 가장 사로잡은 대사였다. 설렘은 사라지고 그저 그런 날이 이어진다 해도 누구나의 삶에는 여전히 남아 있는 '아름다운 무엇'이 있을 것이다.

제시와 셀린느는 프라하에서 출발한 기차 안에서 서로에게 이끌려 빈에서 내려 애틋한 하루를 보냈다. 그랬던 그들이 카르다밀리에서는 중년의 부부가 되어 티격태격한다. 누군가는 '〈비포 미드나잇〉은 만들지 말았어야 한다'고 말하기도 했다.

사랑이라는 단어 없이 사랑을 이야기하는 시가 좋은 것처럼 뜨거움 없이 사랑의 옆모습을 보여준 〈비포 미드나잇〉이 있어서 비로소 〈비포 3부작〉은 완성될 수 있었다고 생각한다. 그 마침표를 찍기에 카르다밀리는 정말 탁월한 장소였다.

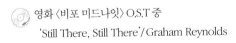 영화 〈비포 미드나잇〉/Richard Linklater 감독, 2013년

영화 〈비포 미드나잇〉 O.S.T 중
'Still There, Still There' / Graham Reynolds

이 구름을 보기 위해 우리는 펠로폰네소스까지 왔지

비포 선셋! 날이 어두워지기 전에 우리는 다시 바티아의 탑에 도착해야 한다. 가로등 없는 이 원시적인 길을 어둠 속에 두 시간 넘게 달리는 건 쉽지 않을 것이다. 펠로폰네소스에서 최고의 석양을 볼 수 있다는 카르다밀리를 해 지기 전에 떠나는 것이 아쉬웠지만, 다 맞추지 못한 퍼즐이 오래 기억나는 법. 정말 아쉬우면 다시 〈비포 미드나잇〉을 보며 제시와 셀린느가 오래오래 해가 지는 걸 바라보던 장면을 봐야지.

갈 때 보았던 산과 돌아오며 보는 산의 느낌은 또 달랐다. 훨씬 더 거칠고 매력적이었다. 다시 몇 개의 산허리를 지나고 바다 곁을 지나며 바티아를 향해 달렸다. 한 3분의 2지점쯤 왔을 때였나, 눈앞에 놀라운 광경이 펼쳐졌다. 웅장한 산 위에 매끈하고 묵직하게 걸려 있는 구름. 산과 구름과 하늘밖에 없는 이 단순한 풍경이 마치 신이 보내준 선물 같았다. 어떻게 이런 풍경이 만들어질 수 있지? 눈으로 보고 있으면서도 믿어지지 않았다. 방금 빚어 흐트러지지 않게 올려놓은 듯한 한 다발의 구름이.

길 위에선 가끔 그런 순간을 만났다. 시칠리아의 험준한 산을 넘다가 마주친 세 마리 말이 있는 풍경처럼, 자욱한 안개 사이로 떠오르던 이른 아침의 몽생미셸처럼. 하지만 펠로폰네소스에서 마주한 이 풍경은 뭐라고 표현해야 할지 모르겠다. 장엄함 그 이상의 여운, 은총을 눈으로 확인하는 순간 같았다. 친구2가 나에게 고맙다고 했다. 카르다밀리 가는 길에 따라나선 덕분에 이런 순간을 맞이하게 되었다고. 이 구름을 보기 위해서 펠로폰네소스 여행을 온 건지도 모르겠다고. 나도 그랬다. 이 순간을 만나기 위해 어렵게 이 여행을 떠난 건지도 모르겠다는 생각이 들었다. 마음을 무겁게 누르고 있던 무언가가 스르르 흩어지는 느낌이 들었다.

바티아의 숙소 마당에는 책 읽기 좋은 평상이 있었다. 하얀 쉬폰 커튼을 걸쳐놓아 책을 읽다가 낮잠을 자기도 좋았다. 생각해보면 이 숙소는 작은 천국이었다. 오른쪽엔 수영장, 왼쪽엔 책 읽는 평상, 그 사이엔 언제든 햇살을 만끽할 수 있는 선베드, 끝없이 펼쳐진 지중해, 몇백 년 된 올리브 나무. 이 모든 것에 얼마든지 취해 있어도 좋았다.

이 숙소에서 며칠 머물다 보니 문득 드는 생각이 있었다. 탑은, 돈을 내고 찾아오면 최고의 호텔이지만 남의 손에 끌려오면 감옥이 될 수도 있다는 것. 스스로 문을 열고 언제든 나올 수 있으면 호텔, 남이 열어줘야만 나올 수 있다면 어디든 감옥이다. 이곳은 감미로운 것으로만 가득하지 않아서 좋았다. 기쁨에 취하는 틈틈이 슬픔을 꺼내놓을 수 있고, 위로받는 틈틈이 적절한 각성이 스며들어서 좋았다. 하늘과 땅 사이에 펼쳐진 귀한 것들 사이를 느릿느릿 헤엄칠 수 있어서 좋았다. 무엇보다 때때로 텅 빈 나와 마주할 수 있어서 좋았다.

책 읽는 평상에 앉으면 마니 반도의 끝자락이 보였다. 오래전에 리스본 근처 호카곶에 가본 적이 있다. 그곳은 공식적으로 지구의 서쪽 끝이었다. 등대처럼 생긴 건물에서는 지구의 끝에 다녀갔다는 증서도 주었다. 하지만 세상의 끝에 다녀왔다는 실감은 그다지 나지 않았었다. 그런데 바티아는 고작 펠로폰네소스의 끝, 마니 반도의 끝자락일 뿐인데도 세상의 끝에 온 것 같았다.

바티아 숙소, 책 읽던 자리

세상의 끝에서 책을 읽다가, 낮잠을 자다가, 다시 차를 마시며 책을 읽던 순간이 내 삶에 저장되었다. 가끔 힘이 들 때는 그 장면을 떠올려본다. 그러면 '세상 끝에서 책 읽기'를 하던 내가 지친 나를 두레박처럼 위로 끌어올려 주는 것 같다.

물속에 녹은 소금처럼

《모레아 기행》을 마저 읽었다. 카잔차키스는 펠로폰네소스를 여섯 번이나 여행했다. 그중엔 조르바가 동행한 여행도 있었다. 그는 '그리스인의 그리스 여행과 외국인의 그리스 여행은 다르다'고 썼다. '과거의 정서적 뒤얽힘으로부터 완전히 자유로운 외국인은 그리스 문화의 정수를 단순히 즐길 수 있지만 그리스인의 그리스 여행은 모순의 순례가 될 것'이라고 썼다.

《모레아 기행》의 마지막 순간에 만난 청년과 작별할 때 카잔차키스가 했던 말을 좋아한다.

"우리가 여기서 말한 것을 물속에 녹은 소금이라고 생각하세요. 잊어버리세요. 너무 우울해하지 말고. 이런 문제를 직접 생활 속에서 겪어보는 사람만이 그것을 해결하는 겁니다."

'물속에 녹은 소금'이라는 말에 왜 눈물이 났을까? 한없이 가벼운 나의 모레아 기행을 위로해 주는 말 같았고, 보이지 않게 무거웠던 마음을 내려놓게 하는 말 같았다. 세상 끝에서의 책 읽기에 그 말이 남았다. '물속에 녹은 소금,' 그리고 '겪어보는 사람.'

바티아의 마지막 밤

내일이면 바티아를 떠나야 한다. 점심을 먹고 우리는 정말로 더이상 길이 이어지지 않는 곳까지 가보기로 했다. 발아래 보이던 마르마리 해변엔 파라솔이 그대로 펼쳐져 있었지만 영업은 하지 않는 것 같았다. 다시 산언덕을 하나 넘어 정말로 육지가 끝나는 곳까지 가보았다. 여전히 띄엄띄엄 탑이 있었고, 바다로 거의 다 내려왔을 즈음엔 언덕 위에 홀로 서 있는 동방정교회가 하나 보였다.

포르토 까요라는 이름의 항구는 정겨운 이웃들로 가득했다. 타베르나 포르토라는 음식점에서 맥주를 마시고 깔라마리를 먹는 동안 비닐봉투에 담긴 무언가를 전해주고 가는 이웃이 있었고, 손사레를 치다가 활짝 웃으며 그것을 받는 여인도 보았다. 바다에 발을 담그고 맥주병을 손에 든 채 키스하는 연인들도 보았다. 목소리 큰 바닷가 마을 사람들이 활기차게 음식점 앞을 지나다녔다. 세상 끝자락의 비장함 같은 건 없었고, '여기서부터 시작'이라는 듯 떠들썩한 활기와 다정함이 포르토 까요를 물들이고 있었다. 이곳에 와보길 참 잘했다는 생각이 들었다. 육지의 끝자락에 살고 있는 다정한 마니 사람들이 떠나는 우리에게 손을 흔들어주었다. 우리는 다시 마지막 밤을 보낼 숙소로 돌아왔다. 그래봐야 15분 정도 구불구불한 산자락을 오르내린 건데 또 굉장한 여행을 하고 온 것 같았다.

바티아를 떠나면 우리는 아테네에서 가까운 메가라에서 하루를 더 묵는다. 그런데도 오늘이 여행의 마지막 밤 같았다. 그 밤, 우리는 모두 숙소의 마당에 나와 각자의 마지막 밤을 보냈다. 숙소 마당에는 네 개의 선베드가 있었는데 거기 누워 하늘을 보았다. 별이 많이도 뜬 밤, 다시 한번 세상의 끝자락에 와 있다는 생각이 들었다. 우리는 각자의 음악을 들으며, 가끔 샴페인을 마시며 바티아의 마지막 순간을 즐겼다. 옆의 선베드에서 무선 이어폰 하나가 건너왔다. 나의 오른쪽 귀에서 아름다운 음악들이 쏟아져 나왔다. 시벨리우스와 반젤리스와 러시아 기타리스트의 연주와 카를라 브루니의 노래가 이어졌다. 이어폰을 꽂지 않은 왼쪽 귀엔 바티아의 거친 산을 지나는 바람 소리가 들렸다.

오른쪽의 음악과 왼쪽의 공허가 들려주던 이중주를 잊을 수 없다. 또 하나의 마침표가 찍혔다. 문득 내 인생에 더 이상 여행이 없어도

 Moon River / Carla Bruni

바티아 숙소의 밤

괜찮다는 생각마저 들었다. '더 이상 무언가가 되려고 하지 않아도 괜찮다'는 목소리도 어디선가 들려오는 것 같았다.

정들었던 탑의 시간이 끝났다. 절반은 바다고 절반은 하늘이었던 마당의 시간도 끝났다. 저 너머가 지하 세계의 입구 하데스란 말이지? 매일 바라보던 반도의 끝자락과도 이별이다. 바티아를 떠나는 건 아쉬웠지만, 이곳에서 나는 오랜만에 텅 빈 상태로, 느슨한 듯 충만한 상태로 지냈다. 걱정을 안고 떠나온 여행이었는데 빈 배처럼 고요해졌다. 진정한 프로의 자세를 보여주었던 숙소의 주인과 요리를 해주었던 여인과 우리가 핫산이라고 불렀던 줄무늬 앞치마를 입은 남자가 작별 인사를 하러 나왔다. 그리스와 이탈리아의 작은 숙소들엔 이런 따뜻함이 있어서 좋다. 우리가 자신을 핫산이라고 불렀다는 걸 영영 모를 남자는 처음으로 미소를 지으며 손을 흔들었다. 핫산, 안녕!

열두 번째
체크인

떠나기 전 다시 탑과 바다와 하늘과 올리브 나무를 마음에 담았
다. 바티아의 풍경은 다시 봐도 특별했다. 작별의 아쉬움보다는 '이번
생에 이곳을 다녀갈 수 있어서 좋았다'는 충만함이 더 컸다. 바티아로
올 때는 굽이굽이 놓인 길을 왔지만 갈 때는 쭉 뻗은 고속도로를 달렸
다. 세 시간쯤 달리니 코린토스 이정표가 보였다. 코린트 운하로 알려
진 바로 그 코린토스다.

지름길은 없다

코린토스는 아테네에서 서쪽으로 한 시간 거리에 있다. 지도를

보니 정말 잘록하게 들어간 지형이다. 성서에 나오는 고린도로 더 친숙한 도시이자 사도 바울의 자취가 남은 성지. 코린토스를 건설한 왕이 바로 시지프였다. 나는 펠로폰네소스의 민둥산에서 시지프를 떠올렸지만 사실 시지프 산은 코린토스에 있다. 코린토스의 북쪽에는 고대 그리스와 로마의 유적들이 뒤섞여 남아 있다. 시지프의 신화도 이곳에 깃들어 있고, '통 속의 철학자' 디오게네스가 살았던 곳도 바로 코린토스였다.

코린토스 운하 근처에서 늦은 점심을 먹었다. 바다 바로 앞에 있는 코린토스의 식당에서는 운하로 들어서기 위해 방향을 맞추는 배들이 보였다. 세계사 수업이었나? 아니면 지리 수업이었을까? 수에즈 운하와 파나마 운하, 코린토스 운하에 대해 배우기는 했지만 그야말로 교과서 속의 글자에 불과했다. 처음으로 운하를 직접 보게 되었다. 도대체 어떻게 군건한 땅을 잘라 지름길을 만들었을까? 늦은 점심을 먹는 동안에도 나는 그것이 궁금했다.

코린토스 운하는 1893년에 완공되었는데, 길이는 6.4킬로미터, 폭은 25미터 정도 된다. 그리스 본토와 펠로폰네소스 반도를 연결하는 좁은 부분에 인공수로를 만들어서 상선들이 먼바다를 둘러 가지 않아도 되게 만들었다. 기원전 1세기에 카이사르와 네로 황제도 운하를 만들 계획을 세운 적이 있었다고 한다. 네로는 실제로 운하 건설에 착수했고 천 명 이상의 포로를 동원했다. 하지만 그의 죽음과 함께 운하의 꿈도 사라졌다. 노벨이 다이너마이트를 발명한 뒤에야 비로소 운하는 완공되었다. 이 운하 덕분에 배들은 700킬로미터를 단축하게 되었다고 한다. 하지만 운하의 폭이 좁고 대형 화물선이 지나가기는 어려워서 '실패한 운하'라고 불린다.

코린토스까지 왔으니 우리도 한 번 운하를 건너보기로 했다. 그저 길이 20미터 정도 되는 다리를 잠깐 건너가는 것에 불과했지만, 마치 이곳과 저곳에 동시에 있어보는 소원을 이룬 것처럼 특별한 경험이었다. 인간의 힘으로 만든 거대한 지름길을 한참 바라보았다.

지름길, 풍경엔 있으나 삶에는 없는 것. 사랑하는 사람들 사이엔 순식간에 지름길이 생긴다지만 인생엔 코린토스 운하 같은 지름길은 없다고, 뚝 잘린 지름길이 말해주는 것 같았다.

Perfect Symphony

메가라는 코린토스와 아테네 중간에 있다. 에게해를 끼고 달리던

 Perfect Symphony / Ed Sheeran, Andrea Bocelli

코린토스 운하

운하 앞 식당

고속도로에서 내려오니 마지막 숙소가 금방 나타났다. 모넴바시아와 바티아의 황홀했던 숙소에 비하면 하나도 인상적일 것 없는 곳이었다. 당연하다. 내일 비행기 시간에 맞추기 위해 선택한 곳이니 메가라의 숙소가 바티아의 숙소 같을 필요는 없었다. 하지만 메가라의 숙소에도 에게해가 펼쳐진 훌륭한 테라스가 있었다. 눈앞에 펼쳐진 에게해는 바다에서 블루를 얼마간 빼고 우윳빛을 조금 더 섞은 것 같았다.

메가라의 밤엔 잠이 잘 오지 않았다. 어차피 내일은 종일 비행기를 탈 테니 잠이 좀 부족해도 상관없을 것이다. 아이패드를 꺼내 화면을 반으로 나눠 왼쪽엔 음악을 틀어놓고, 오른쪽엔 노트 앱을 켰다. 그밤, 에드 시런과 안드레아 보첼리가 함께 부르는 'Perfect Symphony'가 내 마음에 딱 꽂혔다. 원래는 에드 시런의 'Perfect'로 차트를 휩쓴 곡인데, 어느 날 그와 안드레아 보첼리가 만난 자리에서 함께 불러보자는 이야기가 오갔다고 한다. 에드 시런 혼자 부를 때 'Perfect'였던 제목은 안드레아 보첼리와 함께 부를 땐 'Perfect Symphony'가 되었다.

노래를 듣다 보니 이 곡이 마치 우리의 여행 같다는 생각이 들었다. 우리는 모두 혼자 여행하는 걸 좋아하는 사람들이었지만 셋이서 함께한 여행은 더 좋았다. 혼자의 여행이 'Perfect'였다면 셋이서 함께한 여행은 'Perfect Symhphony'가 되었다고 비밀 일기를 쓰듯 써두었다.

음악을 듣다 깜박 잠든 사이에 꿈을 꿨다. 흔히들 복권에 당첨될

꿈이라고 말하는 그런 꿈이었다. 처음으로 친구1과 2도 꿈에 나란히 나타났다. 옆방에 잠든 사람들이 꿈에도 나타나는 것이 신기했다. 창밖이 조금씩 밝아오고 있었다. 테라스에서 본 에게해의 새벽은 온통 파우더 핑크빛이었다. 그리스가 준 마지막 선물을 눈에 가득 담았다.

　친구1도 꿈을 꾸었다는데, 그는 약간의 악몽을 꾸었던 모양이다. 친구1에게 내 꿈을 팔았다. 우리의 여행에 많은 수고를 바친 그에게 꿈 아니라 무엇인들 못 주랴. 축복처럼 그냥 주고 싶었는데, 꿈은 그냥 받는 거 아니라면서 친구1은 굉장히 후한 꿈값을 주었다. 여행의 끝에 친구1이 준 꿈값이 내게로 건너왔다. 이 지폐는 무슨 꿈을 꾸고 있을까? 우리가 다시 만날 때의 와인이 될까, 아니면 열세 번째 체크인을 위한 씨앗이 될까……

에
필
로
그

시칠리아의 우산 장수

팔레르모의 포르타 누오바 앞에는 우산 장수가 있었다. 그가 펼쳐놓은 매대에는 우산 말고도 다른 잡화들이 있긴 했지만 나는 자꾸만 그 우산들에 마음이 쓰였다. 햇살 뜨거운 시칠리아에서 그는 하필이면 우산을 팔고 있을까? 내일이라도 느닷없이 비가 내려, 아무도 우산을 들고 다니지 않는 팔레르모에서 그의 우산이 불티나게 팔려나가기를 빌었다.

가끔 내가 시칠리아의 우산 장수 같다는 생각이 들 때가 있었다. 비가 오지 않는 나라에서 우산을 파는 사람 같은 마음. 여행이라면 어떨까? 여행은 '우산을 파는 사람' 같던 나를 '우산을 사는 사람'으로 만들어주곤 했다. 비가 오지 않는 나라에서 팔리지 않는 우산을 사며, 그 순간을 소중하게 껴안는 나를 만났다. 마치 집 한 채 선물하듯 우산 한 채 나에게 사주고, 낯선 거리를 흐뭇하게 걷는 나를 만났다.

여행이 인생에 그런 주름을 하나씩 만들어주면 나는 가끔 그 주름을 접었다 펴곤 했다. 그러면 아코디언이 접혔다 펴질 때처럼 어떤 음악이 들려왔다. 우산을 펴듯 여행이 만들어준 주름을 접었다 펴면 다시 걸어갈 힘이 생겼다. 여행은, 나를 둘러싼 질문에 해답을 얻는 시간이 아니라 그 질문을 껴안은 채 뚜벅뚜벅 걸어갈 힘을 기르는 시간이 되어주었다.

평범한 우리가 비범해질 때가 있다. 사랑할 때와 여행할 때. 시칠리아가 아니더라도, 펠로폰네소스가 아니더라도 일상의 어느 한 지점을 뚝 떼어 당신 자신에게 시간을 줄 수 있기를 소망한다. 인생의 주름을 만든 사람들이 언젠가 함께 모여 '주름의 오케스트라'를 만들어볼 수 있으면 좋겠다.

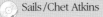 Sails / Chet Atkins

●

평범한 우리가 비범해질 때가 있다.

사랑할 때와 여행할 때.

●

●

내게 '여행'과 동의어인 안종호 프로듀서와 전기현 진행자가 있어서

이 모든 것이 가능했다.

'나의 프로듀서'와 '나의 진행자'에게 깊은 감사를 보낸다.

●

열두 번의 체크인

초판 1쇄 발행 2025년 4월 15일
초판 3쇄 발행 2025년 5월 15일

지은이 김미라
펴낸이 이혜경
기획 · 관리 김혜림
편 집 변묘정, 박은서
디자인 여혜영
마케팅 양예린

펴낸곳 니케북스
출판등록 2014년 4월 7일 제300 - 2014 - 102호
주소 서울시 종로구 새문안로 92 광화문 오피시아 1717호
전화 (02) 735 - 9515
팩스 (02) 6499 - 9518
전자우편 nikebooks@naver.com
블로그 blog.naver.com/nikebooks
페이스북 facebook.com/nikebooks
인스타그램 (니케북스) @nike_books (니케주니어) @nikebooks_junior

© 니케북스 2025

ISBN 979-11-94706-03-8